세밀화로 그린 보리 어린이

양서 파충류 도감

세밀화로 그린 보리 어린이
양서 파충류 도감 (보급판)

글 김종범, 민미숙, 박병상, 심재한, 오홍식, 보리 편집부
그림 이주용
감수 김종범, 심재한
세밀화 디렉터 이원우

도와주신 분 강성주(경기 하남), 강영식(제주 자연생태문화체험골), 김경희(맹산 반딧불이자연학교), 김상현(강원 평창), 김익숭(서울 화양초등학교), 김종열(경기 용문), 김지석(전 난지도공원), 도민석(부산), 류창희(자연생태연구소 마당), 박완화(청주 생태교육연구소 터), 박인주(중국 흑룡강성 야생동물연구소 교수), 박종선(전북 고창), 변산공동체 식구들, 생태보전시민모임(서울), 심재열(강원 평창), 양근석(강원 양양), 양서영(인하대학교 명예교수), 에버랜드, 이상권(강원 인제), 이상철(한국 양서파충류생태연구소), 이진우(전북 고창), 장경호(경기 고양), 정지화(부산), 쥬쥬 동물원(경기 고양), 코엑스 아쿠아리움, 탁동철(속초 청호초등학교 교사), 탁봉림(강원 양양), 하늘공원 관리 아저씨들, 허기용(푸른광명21), 홍순옥(전북 고창 풍년농장)

초판 편집 김용란, 김종현, 안지혜, 이상민, 이현주, 전광진
디자인 이안디자인

기획실 김소영, 김수연, 김용란 | **디자인** 한아람 | **제작** 심준엽
영업마케팅 심규완, 양병희, 윤민영 | **영업관리** 안명선 | **새사업부** 조서연
경영지원실 차수민 | **인쇄** (주)로얄프로세스 | **제본** 과성제책

초판 1쇄 펴낸 날 2007년 6월 1일
보급판 1쇄 펴낸 날 2016년 4월 15일 | **8쇄 펴낸 날** 2025년 4월 28일
펴낸이 유문숙
펴낸 곳 (주)도서출판 보리
출판 등록 1991년 8월 6일 제 9-279호
주소 (10881)경기도 파주시 직지길 492
전화 영업 (031) 955-3535, 편집 (031) 955-9542 | **전송** (031) 950-9501
누리집 www.boribook.com | **전자우편** bori@boribook.com

ⓒ 보리 2007
이 책의 내용을 쓰고자 할 때는 저작권자와 출판사의 허락을 받아야 합니다.
잘못된 책은 바꿔 드립니다.
값 25,000원

보리는 나무 한 그루를 베어 낼 가치가 있는지 생각하며 책을 만듭니다.

ISBN 978-89-8428-914-7 76400
ISBN 978-89-8428-901-7 (세트)
이 도서의 국립중앙도서관 출판시도서목록(CIP)은 서지정보유통지원시스템 홈페이지(http://seoji.nl.go.kr)와
국가자료공동목록시스템(http://www.nl.go.kr/kolisnet)에서 이용하실 수 있습니다. (CIP 제어번호: CIP2016007440)

제품명 : 도서 제조자명 : (주) 도서출판 보리 주소 : (10881) 경기도 파주시 직지길 492 전화번호 : (031) 955-3535
세조년월 : 2025년 4월 제조국 : 대한민국 사용연령 : 8세 이상 주의사항 : 책의 모서리가 날카로우니 다치지 않게 주의하세요.
KC 마크는 이 제품이 공통안전기준에 적합하였음을 의미합니다.

세밀화로 그린 보리 어린이

양서 파충류 도감

우리 겨레와 함께 살아온 개구리와 뱀

그림 이주용 | 감수 심재한 외

보리

차례

일러두기 6
우리나라 양서 파충류 8
그림으로 찾아보기 14

양서류

생김새 22
사는 곳 24
한살이 26
짝짓기 30
먹이와 천적 32
몸 지키기 33
겨울나기 36
양서류 보전 37

도롱뇽 무리

도롱뇽 38
이끼도롱뇽 44
제주도롱뇽 45
꼬리치레도롱뇽 46

개구리 무리

무당개구리 52
두꺼비 58
물두꺼비 66
청개구리 70
맹꽁이 76
참개구리 82
금개구리 90
옴개구리 94
산개구리 98
한국산개구리 104
계곡산개구리 108
황소개구리 112

파충류

생김새 118
사는 곳 120
한살이 122
먹이와 천적 124
몸 지키기 126
겨울나기 128
뱀에 물렸을 때 129

거북 무리

남생이 130
자라 136
붉은귀거북 142
붉은바다거북 148
바다거북 152

도마뱀 무리

도마뱀 154
도마뱀붙이 158
아무르장지뱀 162
줄장지뱀 168
표범장지뱀 174

뱀 무리

구렁이 178
누룩뱀 184
무자치 190
유혈목이 194
실뱀 200
능구렁이 204
대륙유혈목이 208
살모사 212
쇠살모사 216
까치살모사 222

더 알아보기 227
참고한 책 247
가나다 찾아보기 250
학명 찾아보기 253

일러두기

1. 우리나라에는 양서류가 21종, 파충류가 31종쯤 살고 있습니다. 이 책에는 우리나라에 사는 양서류 16종과 파충류 20종이 실려 있습니다. 북녘에 사는 종과 너무 보기 어려워 취재가 어려운 종만 빠졌습니다. 세밀화와 생태 그림은 하나하나 취재하여 그린 것입니다. 취재 날짜와 장소는 그림 아래에 써 놓았습니다.

2. 책은 크게 양서류와 파충류로 나누고 맨 앞에 양서 파충류 총론을 두었습니다. 양서류는 도롱뇽 무리, 개구리 무리로 나누었습니다. 파충류는 거북 무리, 도마뱀 무리, 뱀 무리로 나누었습니다. 책 옆에 색띠를 넣어 무리를 나누었습니다.

3. 양서 파충류는 분류 차례에 따라 실었습니다. 동물 분류와 이름과 학명은 《한국동식물도감 제17권 동물편(양서·파충류)》(문교부, 1975), 《뱀》(백남극, 심재한, 지성사, 2002), 《생명을 노래하는 개구리》(심재한, 다른세상, 2001), 《꿈꾸는 푸른 생명 거북과 뱀》(심재한, 다른세상, 2002), 「한국산 사류의 계통 분류학적 연구」(백남극, 1982), 「한반도 고유 생물자원 발굴 및 관리기반 구축(양서·파충류 분야)」(한국환경기술진흥원, 2005), 「제 3차 전국 자연환경조사 지침서(양서·파충류 분야)」(환경부, 2006)를 참고했습니다.

4. 분류에서 과(科) 이름은 알아보기 쉽도록 사이시옷을 빼고 개구릿과를 개구리과로 표기했습니다. '다른 이름'은 《한국방언사전》(최학근, 1994)을 참고했습니다. 취재하면서 들은 이름도 넣었습니다.

5. 더 자세한 설명이 필요한 것은 번호를 달아 놓았습니다. <더 알아보기>를 찾아보세요.

6. 한해살이는 따로 표를 만들어 넣었습니다.

〔보기〕

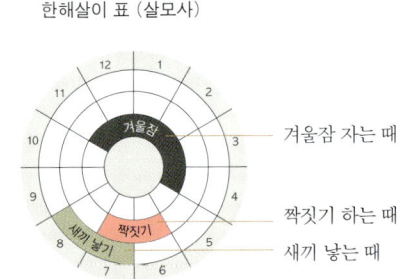

7. 본문 보기

도롱뇽, 개구리, 거북, 도마뱀, 뱀을 무리로 나눈 띠입니다.

책 뒤에 있는 더 알아보기를 찾아보세요.

설명글

목과 과 이름을 달아 놓았습니다.

한해살이를 표로 만들어 놓았습니다.

생김새 설명글입니다.

정보상자 : 다른 이름, 북녘 이름, 사는 곳, 먹이 따위를 따로 묶어 놓았습니다.

7

우리나라 양서 파충류

　양서류와 파충류를 함께 묶어서 양서 파충류(herpetology)라 한다. 양서류라는 말은 물과 땅을 오가며 사는 동물이라는 뜻이고, 파충류라는 말에는 기어 다닌다는 뜻이 있다. 양서류와 파충류는 생김새와 사는 모습이 무척 다르다. 그렇지만 예전부터 양서류와 파충류를 하나로 묶어 연구하였다. 양서류와 파충류는 등뼈가 있고, 조류와 포유류와 달리 체온이 일정하지 않고 바깥 온도에 따라 달라진다.[1] 이러한 동물을 변온동물이라고 한다. 우리나라에는 양서류가 21종 살고, 파충류가 31종쯤 산다.

　양서류는 물고기에서 진화해서[2] 물에서 땅으로 가장 먼저 올라온 동물이다. 그래서 물에서 완전히 못 떠나고 물과 땅을 오가며 산다. 양서류는 살갗으로 숨을 쉬어서[3] 물속에서도 오랫동안 지낼 수 있다. 또 물갈퀴나 긴 꼬리로 재빠르게 헤엄친다. 양서류는 물속에서는 재빠르게 움직이지만 땅 위에서는 굼뜨게 움직인다. 천적이 나타나면 재빨리 물로 뛰어들어야 하고, 몸이 마르지 않고 늘 축축해야 하므로 물 가까이에서 산다. 양서류는 올챙이 때에는 물고기처럼 물속에서 살다가 다 크면 땅으로 올라온다. 이렇게 어릴 때와 다 컸을 때 생김새와 사는 모습이 전혀 다른 동물은 양서류뿐이다. 양서류는 살아 있는 벌레나 지렁이, 달팽이 따위를 잡아먹고 살다가 겨울이 되면 물속이나 땅속에 들어가 겨우내 꼼짝 않고 잠을 잔다.

　파충류는 양서류에서 진화했지만[4] 양서류와 달리 물에서 완전히 떠나 땅에서 살 수 있다. 파충류는 살갗이 비늘이나 등딱지로 덮여 있고 허물을 벗으며 큰다. 양서류와 달리 살갗으로 숨을 쉬지 않고 살갗으로 물이 드나들지 않아 몸 안에 있는 물기가 밖으로 날아가지 않는다. 그래서 파충류는 물을 조금만 먹고도 잘 견디고 햇볕이 뜨거운 모래밭이나 양서류가 못 사는 바다에서도 산다. 파충류는 양서류와 달리 땅 위에다 딱딱한 껍데기가 있는 알을 낳는다. 알에서 깨어난 새끼는 몸집만 작았지 어미와 똑같이 생겼다. 파충류는 대부분 살아 있는 동물을 먹지만 몇몇 종은 식물도 먹고 이것저것 안 가리고 먹기도 한다. 먹이를 먹으면 햇볕을 쬐면서 소화를 시킨다. 날씨가 추워지면 양서류와 마찬가지로 겨우내 잠을 잔다.

양서류는 온 세계에 4,550여 종이 산다.[5] 크게 개구리 무리, 도롱뇽과 영원 무리, 무족영원 무리로 나눈다. 개구리 무리는 다리가 네 개 있고 다 크면 꼬리가 없어진다. 도롱뇽과 영원 무리는 다리가 네 개 있고 다 커도 꼬리가 그대로 있다. 무족영원 무리는 다 커도 다리가 없어 지렁이처럼 생겼다. 우리나라에는 개구리 무리가 15종 살고, 도롱뇽 무리가 6종 산다.

파충류는 온 세계에 6,500여 종이 산다.[6] 크게 여섯 무리로 나누는데 거북 무리, 도마뱀 무리, 지렁이도마뱀 무리, 뱀 무리, 옛도마뱀 무리, 악어 무리가 있다. 우리나라에는 거북 무리와 도마뱀 무리와 뱀 무리가 산다.

우리나라 양서 파충류는 다른 척추동물보다 종이 적고, 가까운 중국이나 일본보다도 훨씬 적다. 양서 파충류 종은 많지 않지만 해로운 벌레나 동물도 잡아먹고 새나 짐승의 먹이가 되면서 우리나라 생태계 먹이 사슬에서 중요한 연결 고리 구실을 한다. 개구리와 뱀이 충분히 살지 않으면 생태계는 균형을 잃어 사람에게도 안 좋은 영향을 끼칠 수 있다. 요즘에는 환경이 더러워지면서 양서 파충류의 수가 예전보다 크게 줄어들고 있어서, 사람들이 양서 파충류를 보호하려고 애쓴다.

● 도롱뇽 무리

　도롱뇽 무리는 개구리 무리와 다르게 다 자라도 꼬리가 그대로 있다. 낮에는 돌 밑이나 썩은 나무 밑에 숨어 있다가 밤에 나온다. 땅 위에서는 느릿느릿 굼뜨게 움직인다.
　우리나라에는 도롱뇽 무리가 6종 산다. 네발가락도롱뇽은 북녘에서만 살고 이끼도롱뇽은 2003년에야 새로 발견되었다. 도롱뇽, 제주도롱뇽, 고리도롱뇽은 겉모습이 닮아서 눈으로 보아서는 구별이 안 된다. 제주도롱뇽은 제주도에 살고, 고리도롱뇽은 부산 고리 지역에만 사는데 몸빛이 노란색을 많이 띤다.

● 개구리 무리

　개구리 무리는 다 크면 꼬리가 없어진다. 땅 위에서는 펄쩍펄쩍 잘 뛰고 물속에서도 헤엄을 잘 친다. 짝짓기 때가 되면 저마다 다른 울음소리를 낸다.
　우리나라에는 개구리와 두꺼비 무리가 15종 산다. 몽골참두꺼비와 중국산개구리는 북녘에만 산다. 두꺼비 무리에는 두꺼비와 물두꺼비 2종이 있다.

● 거북 무리

　거북 무리는 등이 딱딱한 등딱지로 덮여 있다. 등딱지 속으로 네 다리와 머리를 숨길 수 있다. 물에서는 헤엄을 잘 쳐도 땅 위에서는 엉금엉금 느리게 걷는다.
　우리나라에는 민물에 사는 거북과 바다에 사는 거북이 있다. 민물에는 3종이 산다. 붉은귀거북은 우리나라에 없었는데 다른 나라에서 들여와 기르면서 온 나

양서류와 파충류의 다른 점

	양서류	파충류
먹이	다 자란 것은 육식성, 새끼는 초식성	대부분 육식성이나 초식성, 잡식성도 있다.
숨쉬기	허파 호흡, 피부 호흡	허파 호흡
피부	맨 살갗	비늘이나 등딱지
알	물속에 낳는다.	마른땅에 낳는다.
새끼	어미와 생김새가 전혀 다르다.	어미와 똑같이 생겼다.

라에 퍼졌다. 바다에 사는 거북은 온 세계 바다를 헤엄쳐 다니다가 가끔 물길을 타고 우리나라에 찾아온다. 우리나라에서는 붉은바다거북, 바다거북, 장수거북을 볼 수 있다.

● 도마뱀 무리

도마뱀 무리는 모두 스스로 꼬리를 끊을 수 있다. 다리가 네 개 있고 꼬리가 길며 뱀과 달리 눈꺼풀이 있고 귀가 겉으로 드러나 보인다.

우리나라에는 도마뱀 무리가 8종 사는데 도마뱀 무리와 장지뱀 무리로 나뉜다. 장수도마뱀은 북녘에만 산다.

● 뱀 무리

뱀 무리는 몸이 길고 다리가 없어 몸통을 이리저리 휘면서 기어 다닌다. 언제나 혀를 날름거리며 눈꺼풀이 없어서 눈을 뜨고 잔다. 귀는 겉에서 안 보인다. 허물을 벗고 자라는데 한 번에 쭉 벗는다.

우리나라에는 모두 14종쯤 사는데, 세줄무늬뱀과 북살모사는 북녘에만 살고 줄꼬리뱀은 기록만 있고 우리나라에 사는지 안 사는지 확실하지 않다. 살모사 무리와 유혈목이는 독이 있다. 바다뱀은 3종쯤 알려졌는데 우리나라에 사는지는 확실히 밝혀지지 않았고 가까운 일본에서 길을 잃고 떠내려온 경우가 많다.

양서류와 파충류의 생김새 비교

	양서류		파충류		
	도롱뇽	개구리	거북	도마뱀	뱀
다리	●	●	●	●	
꼬리	●		●	●	●
물갈퀴		●	●		
귀				●	
이빨	●	●		●	●
눈꺼풀	●	●	●	●	
울음		●			
햇볕 쬐기			●	●	●

우리나라에 사는 양서류

목명	과명	종명	북녘 이름	특징	분포 남녘	분포 북녘
도롱뇽목	도롱뇽과	도롱뇽*	도롱룡		○	○
		꼬리치레도롱뇽*	발톱도롱룡		○	○
		제주도롱뇽*		고유종	○	
		고리도롱뇽		남녘 고리 지역	○	
		네발가락도롱뇽	합수도롱룡	북녘 종		○
	이끼도롱뇽과	이끼도롱뇽*		2003년 새로 발견	○	
개구리목	무당개구리과	무당개구리*	비단개구리		○	○
	두꺼비과	두꺼비*	두꺼비		○	○
		물두꺼비*			○	○
		몽골참두꺼비	작은두꺼비	북녘 종		○
	청개구리과	청개구리*	청개구리		○	○
		수원청개구리		고유종	○	?
	맹꽁이과	맹꽁이*	맹꽁이	멸종위기야생동물	○	○
	개구리과	참개구리*	참개구리		○	○
		금개구리*	금개구리	멸종위기야생동물	○	○
		옴개구리*	옴개구리		○	○
		산개구리*	기름개구리		○	○
		한국산개구리*	애기개구리	고유종	○	○
		계곡산개구리*		고유종	○	?
		중국산개구리		북녘 종	?	○
		황소개구리*	왕개구리	귀화동물	○	○

우리나라에 사는 파충류

목명	과명	종명	북녘 이름	특징	분포 남녘	분포 북녘
거북목	남생이과	남생이*	남생이	멸종위기야생동물	○	○
		붉은귀거북*		귀화동물	○	○
	자라과	자라*	자라		○	○
	바다거북과	붉은바다거북*	붉은거북	제주도 번식 확인	○	?
		바다거북*	푸른거북	떠돌아다님	?	?
	장수거북과	장수거북	가죽거북	떠돌아다님	?	?
뱀목	도마뱀과	도마뱀*	미끈도마뱀		○	?
		북도마뱀		이름 새로 지음	○	○
		장수도마뱀	대장지			○
	도마뱀붙이과	도마뱀붙이*	집도마뱀		○	
	장지뱀과	장지뱀			○	
		아무르장지뱀*	긴꼬리도마뱀		○	○
		줄장지뱀*	흰줄도마뱀		○	○
		표범장지뱀*	표문장지뱀	멸종위기야생동물	○	○
	뱀과	구렁이*	구렝이	멸종위기야생동물	○	○
		누룩뱀*	누룩뱀		○	○
		무자치*	밀뱀		○	○
		유혈목이*	늘메기		○	○
		실뱀*	실뱀		○	○
		능구렁이*	섬사		○	○
		대륙유혈목이*	대륙늘메기		○	○
		비바리뱀		멸종위기야생동물	○	
			세줄무늬뱀	북녘 종		○
		줄꼬리뱀	꼬리줄무늬뱀	사는지 의심		
	살모사과	살모사*	살모사		○	○
		까치살모사*			○	?
		쇠살모사*			○	?
		북살모사	북살모사	북녘 종		○
	바다뱀과	바다뱀	검은등바다뱀	떠내려옴	?	?
		먹대가리바다뱀	검은머리바다뱀	떠내려옴	?	?
			얼룩바다뱀	남녘 기록 없음		○

*표시한 종은 본문에 나오는 종이다. ?표시는 사는지 안 사는지 뚜렷하게 밝혀지지 않았다는 뜻이다.

그림으로 찾아보기

도롱뇽 무리

도롱뇽 38
이끼도롱뇽 44
제주도롱뇽 45
꼬리치레도롱뇽 46

개구리 무리

무당개구리 52
두꺼비 58
물두꺼비 암컷 66
물두꺼비 수컷 66
청개구리 70

거북 무리

남생이 130

자라 136

붉은귀거북 142

바다거북 152

붉은바다거북 148

도마뱀 무리

도마뱀 154

도마뱀붙이 158

아무르장지뱀 162

줄장지뱀 168

표범장지뱀 174

뱀 무리

구렁이 178

누룩뱀 184

무자치 190

유혈목이 194

실뱀 200

능구렁이 204

대륙유혈목이 208

살모사 212

쇠살모사 216

까치살모사 222

양서류

생김새 22
사는 곳 24
한살이 26
짝짓기 30
먹이와 천적 32
몸 지키기 33
겨울나기 36
양서류 보전 37

도롱뇽 38
이끼도롱뇽 44
제주도롱뇽 45
꼬리치레도롱뇽 46

무당개구리 52
두꺼비 58
물두꺼비 66
청개구리 70
맹꽁이 76
참개구리 82
금개구리 90
옴개구리 94
산개구리 98
한국산개구리 104
계곡산개구리 108
황소개구리 112

생김새

 양서류는 털이나 비늘이나 깃털도 없는 맨 살갗이다. 종에 따라 살갗이 미끈미끈하기도 하고 돌기가 나 있기도 하다. 몸에서 끈끈한 물이 나와 살갗이 늘 축축하다. 양서류 살갗은 물이 쉽게 드나들어 햇볕에 오래 있으면 몸이 말라 죽는다.

 개구리 몸은 크게 머리와 몸통과 발로 나뉜다. 머리와 몸통은 목이 없이 바로 이어져 머리만 따로 움직이지 못한다. 영원이나 도롱뇽은 목이 있어서 머리를 얼마큼 자유로이 움직인다. 개구리는 땅과 물에서 살기 알맞게 생겼다. 몸은 유선형이고 다리에는 물갈퀴가 있어서 헤엄을 잘 친다. 눈은 툭 튀어나와서 물속에서 눈만 내놓고 이곳저곳을 훤히 볼 수 있다. 땅 위에서는 앞다리는 짧고 뒷다리는 크고 길어

개구리 생김새

혀 입 앞에 혀가 붙어 있고 혀끝은 입안을 향해 있다.

입 몸에 비해 아주 커서 큰 먹이도 삼킬 수 있다. 작은 이빨이 가지런하게 많이 나 있다.

코 숨을 쉴 때 공기가 드나들며 냄새를 맡을 수 있다.

눈 툭 튀어나오고 눈꺼풀이 있어서 눈을 깜박일 수 있다.

울음주머니 겉에서 보이지 않지만 개구리는 울음주머니를 부풀려 운다. 턱 밑이나 두 볼에 있다. 암컷에게는 울음주머니가 없다.

귀 둥근 고막이 겉으로 드러나 있다.

살갗 미끈미끈한 맨 살갗이다. 살갗에서는 끈적끈적한 물이 쉴 새 없이 나온다.

발 발가락은 앞발에 네 개, 뒷발에 다섯 개 있다. 뒷발 발가락 사이에는 물갈퀴가 있다. 청개구리는 발가락 끝에 빨판이 있다.

서 팔짝팔짝 잘 뛰어다닌다. 입이 커서 웬만큼 큰 벌레도 잡아먹는데 이빨은 있지만 씹지 못해서 먹이를 통째로 삼킨다. 눈 뒤에 동그란 고막이 있어서 소리를 듣는다. 개구리는 도롱뇽보다 몸빛이 더 밝고 다양하다. 무당개구리처럼 몸빛이 도드라진 것도 있고 청개구리처럼 사는 곳에 따라 몸빛을 바꿔서 천적의 눈을 속이는 것도 있다. 개구리 무리는 몸빛과 크기가 서로 달라서 쉽게 알아볼 수 있다.

도롱뇽 무리는 모두 몸이 길쭉하고 꼬리가 길다. 꼬리치레도롱뇽은 몸보다 꼬리가 더 길다. 물속에서는 꼬리를 이리저리 흔들며 헤엄친다. 개구리 무리와 달리 도롱뇽 무리는 발가락에 물갈퀴가 없다. 몸은 언제나 축축하고 미끌미끌하다. 몸빛이 대개 칙칙하고 무늬가 그다지 없다. 우리나라에 사는 도롱뇽 무리는 꼬리치레도롱뇽과 이끼도롱뇽을 빼면 서로 많이 닮아서 쉽게 구별을 못한다.

도롱뇽 생김새

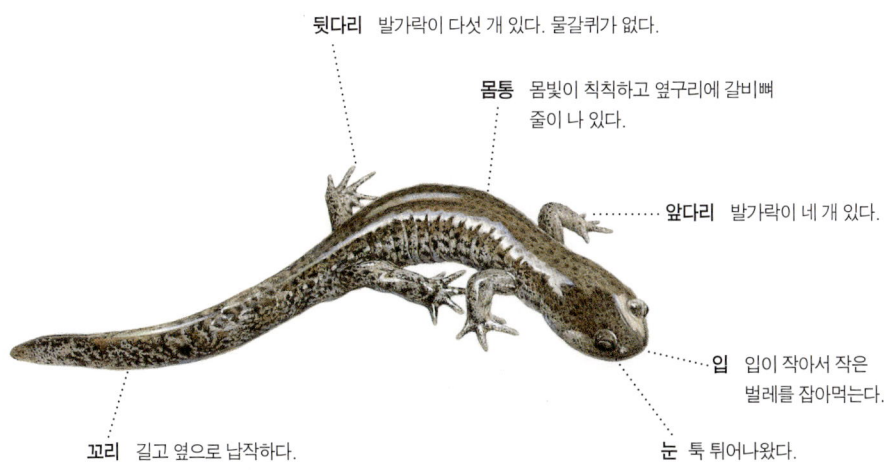

뒷다리 발가락이 다섯 개 있다. 물갈퀴가 없다.
몸통 몸빛이 칙칙하고 옆구리에 갈비뼈 줄이 나 있다.
앞다리 발가락이 네 개 있다.
입 입이 작아서 작은 벌레를 잡아먹는다.
눈 툭 튀어나왔다.
꼬리 길고 옆으로 납작하다.

사는 곳

양서류가 사는 곳은 크게 산과 들로 나눌 수 있다. 넓은 들에는 참개구리, 금개구리, 황소개구리, 맹꽁이가 산다. 참개구리는 논에 많고 금개구리와 황소개구리는 넓은 저수지에 많이 산다. 산기슭에는 청개구리, 수원청개구리, 두꺼비, 한국산개구리, 고리도롱뇽이 산다. 산골짜기에는 산개구리, 계곡산개구리, 무당개구리, 물두꺼비, 도롱뇽, 이끼도롱뇽, 꼬리치레도롱뇽 따위가 산다. 산골짜기에 사는 종은 북쪽 지방으로 갈수록 산 아래까지 내려온다.

도롱뇽 무리는 산골짜기 가랑잎 속이나 썩은 나무통 밑이나 축축한 돌 밑에서 산다. 물가에서 멀리 떨어지지 않고, 낮에는 늘 숨어 지내다가 밤이 되면 나와 돌아다닌다. 도롱뇽 무리 가운데 고리도롱뇽은 부산 고리 지역에서만 산다. 제주도에서 사는 도롱뇽은 모두 제주도롱뇽이다.

개구리 무리는 도롱뇽 무리보다 더 넓은 곳에 흩어져 산다. 산골짜기나 논밭, 웅

두꺼비는 사람이 사는 집 마당에도 나온다.

덩이, 저수지에서 산다. 금개구리나 옴개구리, 물두꺼비는 물 밖으로 잘 나오지 않고 하루 종일 물속에 있다. 산개구리 무리와 무당개구리는 골짜기 주변에 흩어져 살다가 짝짓기 할 때나 겨울잠을 잘 때가 되면 물이 있는 골짜기로 모여든다. 맹꽁이는 바닥이 무른 축축한 땅속에 내내 들어가 있다가 장마철에나 잠깐 밖으로 나온다. 청개구리와 참개구리, 두꺼비는 시골 마을 주변 논밭 여기저기에서 산다. 청개구리와 두꺼비는 물에 잘 들어가지 않는다. 우리나라에 사는 개구리 가운데 청개구리만 나무나 풀 위로 올라간다. 두꺼비는 산기슭이나 밭을 어슬렁거리며 돌아다니다 집 마당에 들어오기도 한다. 참개구리는 물가 풀숲에 있다가 위험이 느껴지면 물속으로 뛰어들어 몸을 피한다.

청개구리는 나무나 풀 위에 올라간다.

금개구리는 넓은 저수지나 웅덩이에 산다.

한살이

 양서류는 알, 유생, 성체 세 단계를 거치며 자란다. 유생과 성체는 생김새나 사는 모습이 전혀 다르다. 우리나라에 사는 양서류는 모두 체외수정[7]을 하고, 물속에 알을 낳는다. 알에서 깨어난 올챙이는 물속에서 아가미로 숨을 쉬고 긴 꼬리로 헤엄치면서 물풀이나 물이끼를 뜯어 먹는다. 자라면서 네 다리가 나오고 아가미가 사라지면 물 밖으로 나온다. 알에서 어른이 되는 시간은 종마다 다르다. 맹꽁이는 보름이면 다 자라고 참개구리는 두 달쯤 되어야 다 자란다.

도롱뇽 한살이

참개구리 한살이

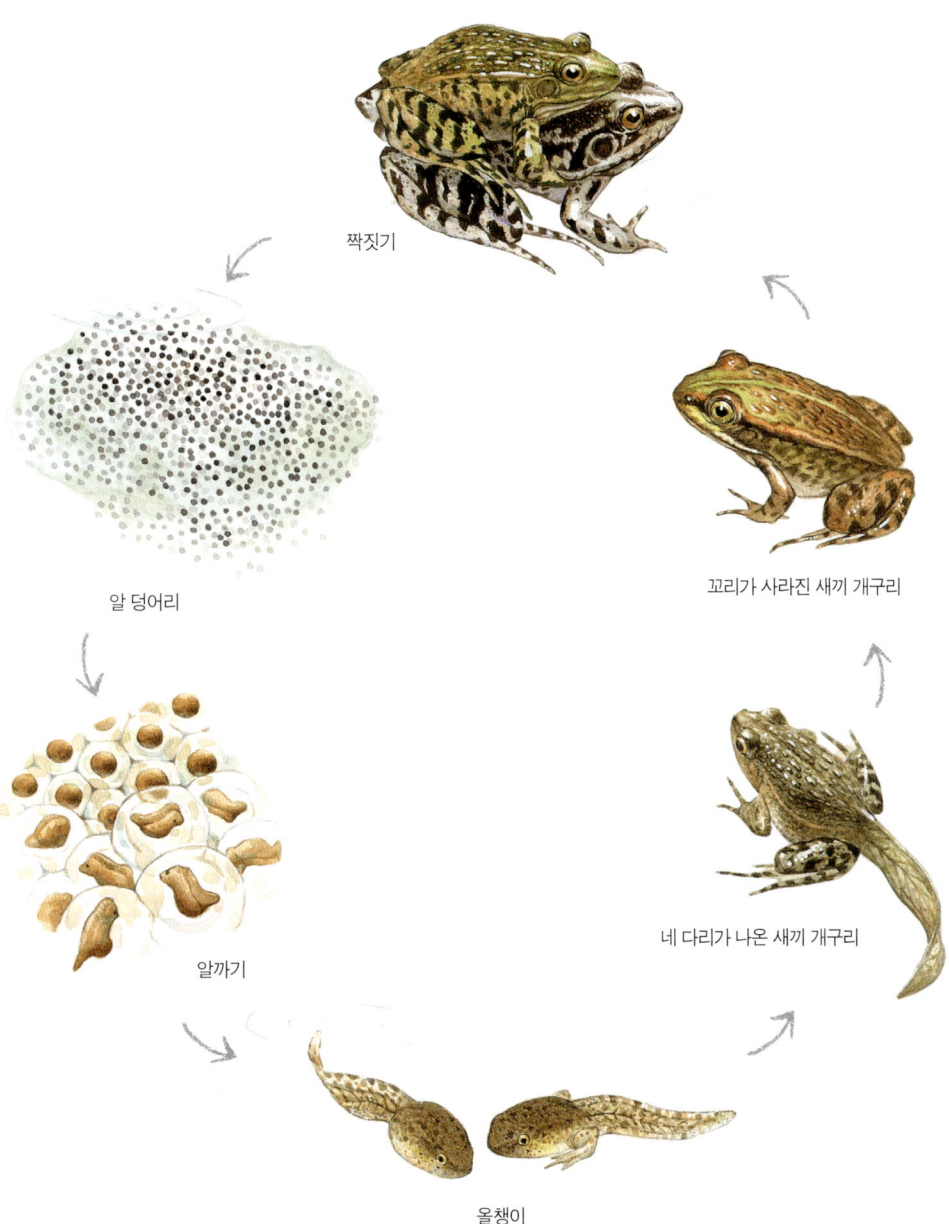

알

양서류 알은 파충류나 새알처럼 딱딱한 껍데기가 없고 속이 환히 보이며 말랑말랑하다. 우리나라에 사는 양서류는 알을 낳으면 더는 돌보지 않는다.[8] 개구리 무리는 알을 많이 낳아서, 참개구리는 1,000개에서 3,000개쯤 낳고 황소개구리는 4만 개까지 낳는다. 도롱뇽 무리는 그보다 알을 적게 낳지만 수십 알은 낳는다.

개구리 알은 크기도 다르고 생김새도 다르다. 산개구리 무리와 참개구리, 황소개구리는 알 덩어리가 동그랗다. 알 덩어리 크기는 황소개구리가 가장 크고 한국산개구리 알 덩어리가 가장 작다. 두꺼비와 물두꺼비는 긴 끈처럼 생긴 알주머니를 낳는다. 청개구리와 수원청개구리, 옴개구리와 무당개구리는 물풀에 포도송이처럼 알을 붙여 낳는다. 맹꽁이는 알이 한 알 한 알 떨어져 물 위에 뜬다.

도롱뇽 무리는 길쭉한 보자기 같은 알주머니를 낳는다. 동그란 알은 그 속에 들어 있다. 도롱뇽과 제주도롱뇽은 바나나 모양 알집을 두 개 낳는다. 꼬리치레도롱뇽은 알주머니가 노랗다. 고리도롱뇽의 알주머니는 도롱뇽 알주머니보다 작고 더 돌돌 말려 있다.

도롱뇽 알

맹꽁이 알

산개구리 알

두꺼비 알

올챙이

　개구리 올챙이[9]와 새끼 도롱뇽은 생김새가 닮았다. 새끼 도롱뇽은 올챙이와 다르게 깃털 같은 아가미가 다 클 때까지 나와 있다. 개구리 올챙이는 뒷다리가 먼저 나오고 앞다리가 나오는데 새끼 도롱뇽은 앞다리가 먼저 나온다. 개구리 올챙이는 물풀이나 물이끼를 뜯어 먹지만 새끼 도롱뇽은 육식성이어서 개구리 올챙이를 잡아먹기도 한다.

　개구리 올챙이는 종마다 다르지만 눈으로 구별하기 매우 어렵다. 황소개구리 올챙이는 참개구리 올챙이보다 몸이 배나 크고 가을에도 볼 수 있다. 맹꽁이 올챙이는 두 눈이 양쪽으로 많이 벌어져 있고 한여름에 볼 수 있다. 다른 올챙이들도 사는 곳과 알 낳는 때를 잘 생각해 보면 어떤 개구리 올챙이인지 짐작할 수 있다. 도롱뇽 무리 새끼도 생김새가 서로 닮아서 눈으로 구별하기 어렵다. 새끼 꼬리치레도롱뇽은 발톱이 까매서 그나마 알아볼 수 있다.

황소개구리 올챙이

참개구리 올챙이

맹꽁이 올챙이

새끼 꼬리치레도롱뇽

짝짓기

 양서류는 여기저기 흩어져 살다가 알 낳을 때가 되면 물웅덩이에 떼로 모여든다. 개구리나 도롱뇽은 저마다 알 낳는 때와 장소가 다르다. 그래서 개구리와 도롱뇽이 한꺼번에 한곳에 모이지는 않는다.

 개구리는 수컷이 암컷 등에 올라타서 꽉 껴안고 짝짓기를 한다.[10] 암컷 한 마리를 두고 수컷 여러 마리가 서로 껴안으려고 엎치락뒤치락하며 싸운다. 수컷 한 마리가 암컷을 먼저 껴안으면 뒷다리로 다른 수컷들을 차 낸다. 암컷은 수컷을 업고 알 낳기 좋은 곳을 찾아다닌다.

 도롱뇽은 수컷이 페로몬이라는 냄새를 풍겨서 암컷을 부른다. 암컷이 오면 도롱뇽 수컷은 암컷 냄새를 맡으면서 주둥이를 부딪치거나 턱을 비비고 옆구리를 찌르면서 구애를 한다. 암컷이 구애를 받아들이면 수컷은 앞발로 암컷을 잡고 암컷이 낳은 알주머니를 떼어 낸다. 수컷은 떼어 낸 알주머니를 몸으로 감싸서 정자를 뿌리고 뒷다리로 휘저어 수정을 시킨다.

짝짓기 하는 때

2~3월	두꺼비, 산개구리 무리, 도롱뇽, 제주도롱뇽, 고리도롱뇽
4월	물두꺼비
5월	참개구리, 청개구리, 무당개구리, 금개구리
6~7월	옴개구리, 꼬리치레도롱뇽, 맹꽁이

도롱뇽 짝짓기

무당개구리 짝짓기

개구리 울음

개구리는 수컷이 울음소리를 내서 암컷을 부른다. 개구리는 울음주머니가 있어서 소리를 아주 크게 낼 수 있다. 숨을 들이쉬면 울음주머니가 커지고 내쉬면 쪼그라들면서 소리를 낸다. 청개구리와 맹꽁이는 턱 밑을 불룩거리며 울고, 참개구리는 두 볼을 부풀려 운다. 옴개구리와 금개구리는 울음주머니가 따로 없어서 목으로 겨우 소리를 낸다. 암컷을 부르는 수컷 개구리의 울음소리는 종마다 달라서 종이 다른 개구리가 함께 울어도 언제나 같은 종끼리 짝을 찾는다.[11]

청개구리는 턱 밑을 부풀려 운다.
울음주머니가 한 개이다.

참개구리는 두 볼을 불룩거리며 운다.

옴개구리는 울음주머니가 따로 없고
턱 밑을 조금 불룩거리면서 운다.

먹이와 천적

개구리나 도롱뇽은 벌레나 지렁이, 달팽이, 지네 따위를 많이 잡아먹는다. 모두 살아 있는 것을 먹고 눈앞에서 움직이는 것만 잡아먹는다. 양서류는 굼뜨게 움직이기 때문에 먹이를 쫓아가서 잡기보다는 숨어서 먹이가 가까이 오기를 기다린다. 올챙이 때는 물풀이나 물이끼를 갉아 먹는다.

개구리는 긴 혀를 쭉 빼서 먹이를 잡는다. 혀가 끈적끈적해서 벌레가 닿으면 안 떨어진다. 날아다니는 벌이나 잠자리를 펄쩍 뛰어 잡아먹기도 한다. 덩치가 큰 황소개구리는 벌레뿐만 아니라 작은 쥐나 뱀도 잡아먹는다.

도롱뇽은 움직임이 재빠르지 않고 혀가 길지도 않다. 밤에 나와서 느릿느릿 돌아다니다가 먹이를 보면 천천히 다가가서 덥석 문다. 그렇지만 놓칠 때가 많아서 여러 번 공격해야 먹이를 잡을 수 있다.

개구리나 도롱뇽은 새나 뱀, 짐승의 먹이가 된다. 무자치는 물속까지 들어가서 개구리를 잡아먹는다. 유혈목이나 능구렁이나 누룩뱀도 개구리를 잘 잡아먹고 때까치나 까치, 청호반새, 백로 같은 새도 개구리를 먹는다. 밤에 나오는 도롱뇽은 밤에 잘 돌아다니는 족제비나 너구리, 담비 같은 짐승한테 많이 잡아먹힌다. 알이나 올챙이도 물고기나 잠자리 애벌레, 물방개, 게아재비 같은 물벌레한테 잡아먹힌다.

청호반새가 개구리를 잡아먹고 있다.

두꺼비가 지렁이를 잡아먹고 있다.

몸 지키기

개구리나 도롱뇽은 몸집이 작고 힘도 없다. 자기 몸을 지킬 방법이 따로 없어서 언제나 조심하며 눈치가 빠르게 움직인다. 개구리는 눈에 잘 안 띄는 몸빛으로 몸을 숨기거나, 조금만 위험하다 싶으면 가까운 물속으로 펄쩍 뛰어 들어가 숨는다. 무당개구리나 두꺼비나 옴개구리는 살갗에서 독물이 나온다. 움직임이 굼뜬 도롱뇽은 낮에는 숨어 있다가 깜깜한 밤에 나온다. 밤에는 천적이 많이 없고 몸빛도 어두워서 눈에 잘 안 띈다.

뜀뛰기와 헤엄치기

개구리는 뒷다리가 앞다리보다 훨씬 크고 튼튼해서 잘 뛴다.[12] 뒷다리를 그러모으고 팔짝 뛰면 자기 몸 크기보다 몇 배는 멀리 뛸 수 있다. 물속에 들어가면 앞다리는 몸에 붙이고 뒷다리를 한꺼번에 죽죽 밀면서 헤엄친다. 물속에서는 아래 눈꺼풀이 올라와서 물안경처럼 눈을 덮는다.

개구리 헤엄치기

경계색

우리나라에 사는 무당개구리는 천적을 피하려고 숨기보다는 오히려 몸을 드러내 놓고 천적과 마주한다. 무당개구리는 등이 짙은 풀빛이고 배가 아주 빨갛다. 천적이 건들면 얼른 몸을 엎드려서 빨간 배를 드러낸다. 독이 있으니까 잡아먹지 말라는 뜻이다. 이런 몸빛을 '경계색'이라고 한다.

무당개구리가 몸을 뒤집어 빨간 배를 드러내고 있다.

독

개구리 무리 가운데 두꺼비, 물두꺼비, 무당개구리, 옴개구리는 우툴두툴한 살갗에서 독물이 나온다.[13] 두꺼비는 올챙이 때에도 독이 있다. 독은 천적을 죽일 만큼 세지는 않지만 쓴맛이 나고 고약한 냄새가 난다. 잡아먹었다가 한번 혼쭐이 난 천적은 또다시 잡아먹지 않는다. 사람이 맨손으로 만질 때는 괜찮지만 독물이 눈이나 상처에 닿으면 매우 쓰리고 아프다.

무당개구리 / 두꺼비 / 옴개구리 / 물두꺼비

보호색

개구리나 도롱뇽은 몸빛이 자기가 사는 환경과 비슷하다. 산개구리나 계곡산개구리는 가랑잎 색깔과 똑같아서 가랑잎 더미 속에 숨으면 안 보인다. 도롱뇽은 몸빛이 어둡고 칙칙하다. 돌 틈이나 돌 밑에 숨어 있으면 언뜻 봐서는 못 알아본다. 이렇게 자기 몸을 숨기는 몸빛을 '보호색'이라고 한다.

청개구리는 몸빛을 잘 바꾼다.[14] 풀잎 위에 올라가면 풀색으로, 가랑잎 위에 있으면 가랑잎 색으로, 흙 위에 있으면 흙색으로 몸빛을 바꿔 몸을 숨긴다.

청개구리는 몸이 풀색이다가 땅에 내려오면 흙색, 바위에 올라가면 바위색으로 몸빛을 바꾼다.

겨울나기

우리나라는 사계절이 뚜렷하고 겨울이 아주 춥기 때문에 모든 양서류가 겨울잠을 잔다. 양서류는 바깥 온도에 따라 체온이 내려가는데다 몸을 따뜻하게 해 주는 털이나 깃털이 없어서 겨울잠을 자지 않으면 얼어 죽는다.[15] 양서류는 겨울잠을 잘 때 필요한 양분을 모아 두려고 가을에 먹이를 잔뜩 먹어서 토실토실하게 살을 찌운다. 날씨가 추워지면 흙속이나 물속, 돌 틈, 썩은 나무둥치 따위에 들어가 잠을 잔다. 바깥 온도가 영하로 떨어져도 잠을 자는 곳은 영하로 떨어지지 않는 곳을 고른다. 겨우내 입을 꼭 다물고 아무것도 안 먹고 잠만 잔다. 살갗으로 살짝살짝 숨을 쉬면서 꼼짝 않고 있다. 너구리나 곰 같은 산짐승은 겨울잠을 자면서 잠깐 깨어나기도 하지만 양서류는 겨우내 한 번도 안 깬다. 잠을 자면서 몸 기능은 죽은 듯이 멈추지만[16] 봄에 깨어나 짝짓기를 하기 위해서 생식 기능만 성숙한다.

겨울잠 자는 곳

도롱뇽 무리	썩은 나무둥치 밑, 돌이나 바위 틈, 나무뿌리 밑
물두꺼비, 옴개구리, 산개구리 무리, 황소개구리, 금개구리	물속
참개구리, 청개구리, 두꺼비, 맹꽁이	땅속

옴개구리는 물속에 들어가 겨울잠을 잔다.

맹꽁이는 땅속에 들어가 겨울잠을 잔다.

양서류 보전

　양서류는 물과 땅을 오가며 살기 때문에 양쪽 환경이 모두 매우 중요하다. 양서류는 살갗으로 숨을 쉬어서 더러워진 물이나 공기, 가스 따위를 그대로 몸속으로 빨아들인다. 또 알을 물속에 낳기 때문에 물이 더러워지면 올챙이가 깨어나지 못하거나 깨어나더라도 기형이 되어 제대로 자라지 못한다. 양서류는 환경이 파괴되거나 오염되면 사람을 비롯한 다른 동물보다 먼저 그 영향을 받아서 양서류를 '환경지표동물'이라고 한다.

　양서류가 줄어드는 가장 큰 까닭은 알을 낳을 곳이 사라지기 때문이다. 그 밖에도 지구가 따뜻해지면서 기후가 바뀌고, 산과 숲을 마구잡이로 개발하고, 농약을 뿌려 물이 더러워지면서 점점 양서류가 살 곳이 줄어든다. 게다가 겨울잠 자는 개구리를 사람들이 몸에 좋다며 싹쓸이하듯이 잡아먹어 큰 문제이다. 요즘에는 지구를 둘러싼 오존층이 뚫려 자외선이 많이 내리쬐면서 개구리 알이 제대로 못 큰다는 보고도 있다. 기형 개구리가 생기거나 개구리의 수가 줄어들면 지구 환경이 그만큼 나빠진다는 뜻인데, 이는 사람에게도 안 좋은 영향을 미치기 때문에 심각한 일이다.

도롱뇽

2004년 2월 경기 분당 맹산

도롱뇽

도롱뇽은 산골짜기 개울가나 박우물에 산다. 몸빛은 거무스름하고 살갗은 늘 미끌미끌하고 축축하다. 낮에는 축축한 돌 밑이나 썩은 나무 밑에 숨어 있다가 밤이 되면 나온다. 긴 몸통을 이쪽저쪽 휘청대면서 느릿느릿 기어 다닌다. 여기저기 돌아다니면서 거미나 날도래, 벌, 지렁이 따위를 잡아먹는다. 물속 벌레보다는 땅 위를 기어 다니는 벌레를 더 잘 잡아먹는다. 입이 작아서 자기 입보다 큰 먹이는 못 먹는다. 추운 겨울이 되면 축축한 땅속이나 돌 밑, 가랑잎 밑이나 썩은 나무 밑에 들어가 겨울잠을 잔다.

도롱뇽은 이른 봄에 떼로 모여서 짝짓기를 한다. 암컷과 수컷이 뒤엉켜 이리 뒤척 저리 뒤척거리며 짝짓기를 한다. 암컷은 기다란 알주머니를 두 개 낳는다. 돌이나 물풀에 한쪽 끝을 붙여 낳기도 하고 물속에 그냥 낳기도 한다. 예전에는 도롱뇽이 알을 붙여 낳으면 그해에 장마가 진다고 여겼다.

다른 이름 도래, 도랑용, 도롱용
북녘 이름 도롱룡
사는 곳 산골짜기 물가, 개울가, 박우물
먹이 지렁이, 거미, 작은 벌레
나오는 때 밤
분포 우리나라, 중국 북동부
학명 *Hynobius leechii*

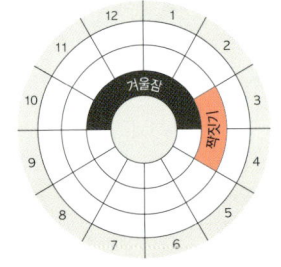

수컷은 몸길이가 8~12cm이고 암컷은 7~9cm이다. 몸빛은 검은 밤색이거나 붉은 밤색이고, 온몸에 검은 점이 자잘하게 흩어져 있다. 옆구리에 갈비뼈 줄이 13개 나 있다. 앞발 발가락은 네 개, 뒷발 발가락은 다섯 개다. 물갈퀴는 없다. 꼬리는 세로로 납작하고 길다.

2004년 2월 전북 고창

도롱뇽 짝짓기

도롱뇽은 3~4월쯤에 날씨가 풀리면 가까운 산기슭 웅덩이나 개울, 논도랑에 내려와 떼로 모여 짝짓기를 한다. 한꺼번에 수십에서 수백 마리까지 모여든다. 암컷 한 마리에 수컷 여러 마리가 달라붙기도 한다. 그 가운데 가장 힘센 수컷이 암컷과 짝짓기를 한다.

도롱뇽은 길쭉한 알주머니[17]를 두 개 낳는다. 암컷이 기다란 알주머니를 낳으면 수컷이 알주머니를 부둥켜안고 체외수정을 한다. 알주머니 한 개에는 알이 30~80개쯤 들어 있다. 도롱뇽은 알을 낳으면 한동안 알 낳은 언저리에서 머물다가 떠난다. 알주머니는 처음에는 쭈글쭈글하다가 물을 머금으면서 점점 부풀고 둥그렇게 말린다. 서너 주가 지나면 새끼가 깨어나 알주머니 밖으로 나온다. 알에서 막 깨어난 새끼 도롱뇽은 크기가 10~15mm이다. 새끼는 어미와 생김새가 닮았는데 아가미가 밖으로 튀어나와 있다. 아가미는 어른이 될 때까지 튀어나와 있다. 새끼 도롱뇽은 물풀이나 물이끼도 갉아 먹지만 개구리 올챙이도 잡아먹는다. 새끼 도롱뇽은 앞다리가 먼저 나오고 뒷다리가 나온다. 새끼가 다 자라서 아가미가 없어지면 물 밖으로 나온다. 땅으로 올라오는 때는 지방에 따라 조금씩 다르다. 날씨가 따뜻한 남쪽 지방에서는 6월 말쯤, 북쪽 지방에서는 7월 중순에서 8월 말에 땅 위로 올라온다.

도롱뇽이 겨울잠에서 막 깨어났다.
2004년 2월 경기 수원 광교산

짝짓기를 하고 있다.

다 자라서 땅으로 올라왔다. 아가미는 없어졌지만 꼬리는 그대로 남아 있다.

알을 낳았다. 알주머니는 점점 부풀어 오르며 둥그렇게 말린다.

네 다리가 나왔다. 개구리와 달리 앞다리가 먼저 나온다.

알에서 새끼가 깨어났다. 새끼는 올챙이와 닮았는데 다 자랄 때까지 아가미가 밖으로 튀어나와 있다.

이끼도롱뇽

2005년 5월 대전 장태산

　이끼도롱뇽은 몸이 가늘고 등에 누런 갈색이 돈다. 앞, 뒷발이 아주 가늘고 발가락도 매우 짧다.[18] 다른 도롱뇽과 달리 허파가 없어 살갗으로만 숨을 쉰다. 어릴 때부터 산골짜기 썩은 나무 밑이나 이끼가 낀 돌 밑에 숨어 산다.
　이끼도롱뇽은 우리나라에서 2003년에 처음 발견되었고, 2005년에 우리나라 고유종으로 발표되었다.[19] 처음 발견되었다고는 하지만 우리나라에서 꾸준히 살고 있었고, 도롱뇽과 매우 닮아서 다른 종으로 여기지 않았다. 이끼도롱뇽은 수가 아주 적어서 골짜기를 다 뒤져도 겨우 한두 마리 볼 정도이다. 4월 중순부터 10월까지 볼 수 있고 늦가을에 겨울잠을 자는 것으로 보인다. 처음 발견된 장태산이나 사람 발길이 뜸한 숲에서 겨우 볼 수 있다.

사는 곳 높은 산속 골짜기
먹이 작은 벌레, 지렁이, 거미
나오는 때 밤
몸길이 8~12cm
분류 도롱뇽목 이끼도롱뇽과
분포 우리나라
학명 *Karsenia koreana*

제주도롱뇽

2006년 6월 제주 영실계곡

    제주도롱뇽은 겉모습이 도롱뇽과 닮아서 눈으로는 구별이 잘 안 된다.[20] 제주도에 사는 도롱뇽은 모두 제주도롱뇽이다. 제주도 말고는 진도, 남해도, 거제도, 변산반도, 해남 일대에도 산다.

    제주도에서는 산허리 골짜기에 많이 사는데 낮에는 숨어서 안 나온다. 봄에 날씨가 풀리면 가까운 산기슭 웅덩이나 개울, 골짜기에서 짝짓기를 한다. 짝짓기[21] 철에 물가에 있는 작은 돌이나 가랑잎이나 썩은 나무를 들추어 보면 제주도롱뇽이 여러 마리 숨어 있는 것을 볼 수 있다.

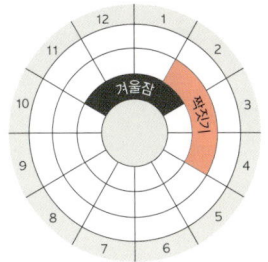

사는 곳 골짜기, 연못, 물가, 개울가
먹이 지렁이, 거미, 물속 벌레, 올챙이
나오는 때 밤
몸길이 7~13cm
분류 도롱뇽목 도롱뇽과
분포 우리나라 제주도
학명 *Hynobius quelpaertensis*

꼬리치레도롱뇽

2004년 5월 서울 북한산

꼬리치레도롱뇽

꼬리치레도롱뇽은 누런 몸에 노란 점이 얼룩덜룩 나 있어서 도롱뇽과 쉽게 구별된다. 꼬리가 몸통보다도 더 길다. 낮에는 물가 이끼 낀 돌무더기나 눅눅한 가랑잎 더미에 숨어 있다. 밤이 되면 나와서 거미나 쥐며느리, 지렁이 따위를 잡아먹는다. 땅 위를 돌아다니는 벌레를 많이 잡아먹고, 물속에 들어가 옆새우 따위를 잡아먹기도 한다. 몸이 날랜 벌레는 못 잡아먹고, 움직임이 느린 벌레나 애벌레를 많이 잡아먹는다. 먹이를 보면 늘쩡늘쩡 기어가 앞발로 잡고 덥석 문다. 몸놀림이 느려서 먹이를 놓칠 때가 많다. 여러 번 공격해야 겨우 한두 번 먹이를 잡을 수 있다.

꼬리치레도롱뇽은 도롱뇽보다 훨씬 보기 어렵다. 꼬리치레도롱뇽은 아주 깨끗한 곳에서만 산다. 물이 몹시 차고 맑으며 나무가 우거지고 땅에 가랑잎이 수북이 쌓여 벌레가 많은 곳에서 볼 수 있다. 백두대간이나 국립공원, 천성산 같은 곳에서 발견된다. 요즘은 꼬리치레도롱뇽이 사는 것을 보고 숲이 얼마나 잘 보존되고 있는지 가늠하기도 한다.

북녘 이름 발톱도롱뇽
사는 곳 깊은 산속 골짜기
먹이 날도래 애벌레, 거미, 쥐며느리, 지렁이, 옆새우
나오는 때 밤
분포 우리나라, 중국, 러시아
학명 *Onychodactylus fischeri*

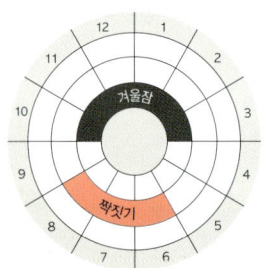

다 자라면 수컷은 17~18cm이고, 암컷은
18~19cm쯤 된다. 몸빛은 누런 밤색이고,
노란 점이 꼬리 끝까지 여기저기 나 있다.
눈이 크고 툭 튀어나왔고 주둥이 끝은 둥글다.
다 자라면 꼬리가 몸통보다 더 길다.

2004년 4월 전북 완주

꼬리치레도롱뇽 알과 새끼

꼬리치레도롱뇽은 6월 중순에서 8월 중순까지 알을 낳는다. 짝짓기 때가 되면 암컷은 배가 땡땡해지고, 수컷은 뒷발이 꼭 물갈퀴가 생긴 것처럼 넙적해진다. 차가운 샘물이 솟아나는 곳이나 동굴 안 물속에 알을 낳는다. 물 온도가 10~20℃가 넘지 않는다. 햇볕이 안 드는 바위 밑이나 돌 밑에 알주머니를 두 개 붙여 낳는다. 알주머니는 누렇고 짧고 통통하다. 알주머니 하나에는 옥수수 알갱이 같은 알이 10~15개쯤 들어 있어 도롱뇽보다 알 수가 더 적다. 온도가 11℃ 되는 물에서 한 달쯤 지나면 새끼가 깨어 나온다.

알에서 깨어난 새끼는 물살이 세지 않은 물가 가랑잎 밑이나 돌 밑에서 물속 벌레 따위를 잡아먹고 산다. 물속에서 두 번 겨울을 넘기면 물이 많이 흐르는 골짜기로 옮겨 간다. 새끼 때에는 발가락에 새까만 발톱이 있다. 그래서 북녘에서는 '발톱도롱뇽'이라고 한다. 골짜기 물이 세차게 흐르면 바위나 돌을 발톱으로 움켜쥐고 버틴다. 발톱은 어른이 되어 땅 위로 올라오면 없어진다. 땅 위로 올라와 두 해를 더 지내야 알을 낳을 수 있다.

도롱뇽과 꼬리치레도롱뇽 새끼는 꼭 닮았다. 새까만 발톱이 있으면 꼬리치레도롱뇽 새끼이고 없으면 도롱뇽 새끼이다. 몸길이는 5~9cm이다.

2004년 4월 전북 완주

늦은 봄에 알주머니를 낳는다. 알주머니는 폭이 5mm 안팎이다. 알주머니 하나에는 노란 알이 10~15개쯤 들어 있다.

2004년 4월 전북 완주

꼬리치레도롱뇽

무당개구리

2004년 6월 강원 양양

무당개구리

무당개구리는 몸빛이 알록달록 화려하다고 이런 이름이 붙었다. 북녘에서는 '비단개구리'라고도 한다. 등이 풀색이고 배는 아주 빨갛다. 등과 배 색깔이 뚜렷하게 달라서 눈에 잘 띈다. 그렇지만 살갗에서 독[22]이 나와서 뱀이나 새도 잘 안 잡아먹는다. 그래서 낮에도 나와 잘 돌아다닌다. 무당개구리를 만지면 살갗에서 미끈미끈하고 허연 물이 나온다. 만졌던 손을 혀에 대 보면 매운 고추를 먹은 것처럼 혀가 얼얼하고 찡하다. 무당개구리를 만진 손으로 잘못해서 눈이라도 비비면 따갑고 아파서 고생하게 된다. 그래서 '고추개구리'라고도 한다.

무당개구리는 물이 차고 맑은 산골짜기에 가야 볼 수 있다. 우리나라에서는 북쪽 지방으로 올라갈수록 수가 많아진다. 강원도 동부에서는 산개구리와 함께 흔히 볼 수 있다. 산골 마을 물길이 시작되는 곳에 가면 많이 볼 수 있다. 산속에 흩어져 살다가 짝짓기 철이 되면 한곳에 떼 지어 모여든다. 이때는 산 아래 논으로 내려오기도 한다. 암컷은 수컷을 등에 업고 자리를 옮겨 가면서 여기저기에 알을 낳는다. 알은 덩어리지지 않고 물속에 있는 풀포기나 가랑잎에 몇 알씩 붙는다. 나흘쯤 지나면 올챙이가 깨어 나온다. 올챙이는 석 달쯤 지나면 새끼 개구리가 되어 땅으로 올라온다.

다른 이름 고추개구리, 독개구리, 약개구리, 배붉은가개비
북녘 이름 비단개구리
사는 곳 산골짜기, 산기슭 무논
먹이 벌, 나비, 딱정벌레 무리
나오는 때 낮
분포 우리나라, 중국, 러시아 연해주
학명 *Bombina orientalis*

몸길이는 4~5cm이다. 등은 짙은 풀색이고 검은 무늬가 있다. 사는 곳에 따라서 등이 밤색이거나 거무스름하다. 배는 붉고, 검은 무늬가 있다. 등에는 오톨도톨한 작은 돌기가 나 있고 배는 매끈하다. 발가락 끝은 빨갛고 뒷다리에는 물갈퀴가 있다. 고막은 밖에서 안 보인다.

2004년 6월 강원 양양

무당개구리 울음

무당개구리 수컷은 울음주머니가 따로 없어서 울음소리가 작다. 턱 밑을 살짝 불룩거리면서 '윙 윙 윙 윙' 하고 맑게 운다. 떼로 모여 울면 '휘리링 휘리링' 하고 우는 것처럼 들린다. 청개구리나 참개구리와 함께 울면 무당개구리 소리는 들리지 않는다. 해 질 무렵에 울기 시작해서 한밤중까지 울다가 자정이 넘으면 울음소리가 거의 잦아든다.

무당개구리 짝짓기

짝짓기 할 때 수컷은 암컷보다 수가 훨씬 많기 때문에 기를 쓰고 짝을 찾는다. 암컷 한 마리에 수컷이 열다섯 마리나 들러붙기도 한다. 그래서 수컷은 한번 암컷을 붙잡으면 무슨 일이 있어도 안 놓으려 한다. 사람이나 짐승이 가까이 다가와도 서로 부둥켜안은 채로 달아난다. 다른 개구리들은 암컷 겨드랑이를 붙잡는데 무당개구리 수컷은 암컷 사타구니 앞쪽 배를 움켜쥔다. 암컷은 수컷을 등에 업은 채 알을 4~7개씩 물속 가랑잎이나 물풀에 붙여 낳는다. 그리고 나면 다른 곳으로 옮겨 가서 알을 또 낳는데 네다섯 번에서 많게는 열두 번까지 되풀이해서 낳는다. 알 낳을 마땅한 자리를 못 찾거나 논에 물이 없을 때에는 길가 웅덩이나 넓은 바위 위에 물이 고여 있는 곳에도 알을 낳는다.

제 몸 지키기

무당개구리는 살갗에서 독이 나오기 때문에 뱀이나 새가 잘 안 잡아먹는다. 한번 무당개구리 독 맛을 본 짐승은 다시는 잡아먹지 않는다. 개구리를 잘 잡아먹는 무자치와 유혈목이를 참개구리, 옴개구리, 무당개구리와 함께 한 실험실에 넣고 지켜 본 결과, 무당개구리는 한 마리도 안 잡아먹혔다고 한다. 또 천적이 멋모르고 건드리면 무당개구리는 네 다리를 바짝 치켜들면서 땅바닥에 바짝 엎드린다. 그러면 새빨간 배가 더 잘 드러난다. 독이 있으니 잡아먹지 말라는 뜻이다. 이러한 색깔을 '경계색'이라고 한다. 제주도에 사는 무당개구리는 강원도에 사는 무당개구리보다 배가 더 노랗다.

무당개구리가 네 다리를 바짝 치켜들며
빨간 배를 드러내 보이고 있다.
2004년 6월 강원 양양

두꺼비

2004년 6월 경기 광주

두꺼비는 몸집이 크고 온몸에 돌기가 오톨도톨 나 있다. 황소개구리가 들어와 살기 전까지 우리나라에 사는 개구리 가운데 덩치가 가장 컸다. 웬만해선 펄쩍펄쩍 안 뛰고 아주 느긋하게 엉금엉금 걸어 다닌다. 이렇게 천천히 다녀도 뱀이나 새가 섣불리 잡아먹지 않는다. 몸에 난 돌기에서 독[23]이 나오기 때문이다. 독물은 허옇고 찐득찐득한데 냄새가 고약하고 맛이 쓰다. 손으로 만질 때는 괜찮지만 눈이나 상처 난 곳에 닿으면 아주 쓰리고 아프다. 뱀이 가까이 오면 몸을 한껏 크게 부풀리고 팔굽혀펴기를 하듯이 몸을 위아래로 움찔거리며 위협도 한다.

두꺼비는 물가를 떠나 물기가 없고 메마른 곳에서도 잘 산다. 낮에는 돌 밑이나 나무뿌리 밑에 숨어 있다가 어둑어둑해질 무렵이면 기어 나온다. 흐린 날에는 낮에도 나와 돌아다니고 시골집 마당이나 장독대에 나오기도 한다. 먹이를 보면 천천히 다가가서 끈적끈적하고 긴 혀를 쭉 내밀어 잽싸게 잡는다. 밭이나 논에 꼬이는 벌레를 많이 잡아먹어서 농사꾼들은 두꺼비를 안 잡고 그냥 두었다. 10~11월쯤 땅속에 들어가 겨울잠을 잔다.

다른 이름 더터비, 두텁, 뚜구비, 명마구리, 볼로기
사는 곳 밭이나 집 둘레, 산
먹이 파리, 모기, 나방, 지렁이, 거미, 벌
나오는 때 해질녘이나 해 뜰 무렵
분포 우리나라, 중국 북부, 몽골, 일본, 러시아
학명 *Bufo bufo gargarizans*

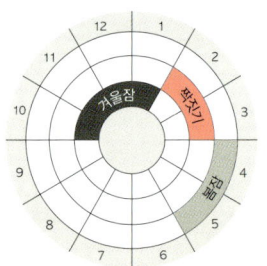

수컷은 몸길이가 7~8cm이고 암컷은
10~12cm이다. 몸빛은 사는 곳에 따라 다른데
잿빛 밤색에 검은 줄무늬가 있는 것이 많다.
암컷은 알 낳을 때가 되면 더 붉은 밤색을 띤다.
온몸에는 자잘한 돌기가 나 있어 살갗이
거칠거칠하다. 머리는 옆으로 넓적하고 입이 아주
크다. 뒷발 물갈퀴는 짧다.

2004년 5월 전북 변산

두꺼비 한살이

두꺼비는 이른 봄에 겨울잠에서 깨면 저수지 물가로 알을 낳으러 내려온다. 해마다 한 번 알 낳은 곳을 다시 찾아가 알을 낳는다. 산 밑에 있는 저수지까지 수백 미터에서 멀게는 수 킬로미터까지 내려온다. 한꺼번에 떼로 내려오기 때문에 차에 깔려 많이 죽기도 한다.[24]

물가에 내려온 두꺼비 수컷은 울음주머니가 없어서 목으로 '꾹 꾹, 꾹 꾹' 하고 소리를 낸다. 소리가 낮고 우렁찰수록 암컷이 좋아한다. 울음소리를 듣고 암컷이 찾아오면 짝짓기를 하는데, 암컷 한 마리에 수컷 여러 마리가 달려들어 엎치락뒤치락한다. 어쩌다 겨울잠에서 갓 깨어난 황소개구리를 두꺼비 암컷인 줄 알고 껴안기도 한다. 알을 낳은 두꺼비는 다시 산으로 올라가서 흙을 파고 들어가 봄잠을 잔다.

두꺼비 알주머니
긴 알주머니를 두 줄 낳는다.
알주머니에는 알이 만 개쯤 들어 있다.
2005년 4월 경기 고양 행주 산성

두꺼비 올챙이
올챙이는 20일쯤 지나면 깨어난다.
온몸이 새까맣다. 물풀을 뜯어 먹고 자란다.
2005년 5월 경기 고양 행주 산성

두꺼비는 알주머니를 두 줄로 길게 낳는다. 알주머니가 길어서 물풀에 휘감겨 있을 때가 많다. 알주머니에는 알이 만 개쯤 들어 있다. 알에서 깨어난 올챙이는 온몸이 새까맣다. 수천수만 마리 올챙이가 한꺼번에 깨어나서 큰 무리를 지어서 헤엄쳐 다닌다. 두꺼비 올챙이도 독이 있어서 물고기가 두꺼비 올챙이를 많이 잡아먹으면 죽기도 한다. 올챙이는 네 다리가 나오고 꼬리가 짧아지면 물가로 바글바글 모여든다. 그러다가 비가 오는 날에 한꺼번에 우르르 땅으로 올라온다. 새끼 두꺼비들은 땅 위로 올라오면 어미가 내려왔던 산으로 곧장 올라간다.

산으로 올라가는 새끼 두꺼비
새끼 두꺼비는 크기가 손톱만 하다. 꼬리가 사라지면 몸 크기가 올챙이 때보다 더 작아진다.
2004년 6월 경기 고양 행주 산성

꼬리가 남아 있는 새끼 두꺼비
올챙이는 한 달쯤 지나면 뒷다리가 나온다. 15~20일이 더 지나면 앞다리가 나오고 아가미가 없어진다. 사나흘이 더 지나면 꼬리가 없어진다.
2004년 5월 경기 고양 행주 산성

먹이 잡기

두꺼비는 몸놀림이 아주 굼뜨지만 먹이는 눈 깜짝할 사이에 잡아먹는다. 천천히 다가가서 긴 혀로 벌레를 낚아채는데, 1초도 안 걸릴 만큼 빠르다. 혀는 입안에 돌돌 말려 있다가 핑그르르 풀리면서 쭉 뻗어 나온다. 두꺼비 혀는 사람과 달리 입 앞쪽에 붙어 있다. 혀는 아주 끈적끈적해서 벌레가 착 달라붙으면 안 떨어진다. 두꺼비는 이빨이 없어서 먹이를 안 씹고 통째로 삼킨다. 파리, 나방, 모기, 개미, 벌 따위도 잡아먹고 지렁이나 달팽이 같은 작은 동물도 먹는다. 다른 개구리도 두꺼비처럼 긴 혀로 먹이를 낚아챈다.

두꺼비가 장독대 밑에서 기어 나왔다.
두꺼비는 사람이 사는 집 마당에도 나와
돌아다닌다.

두꺼비는 몸을 지렁이 쪽으로 기울이다가
혀를 쭉 내밀어 잡는다. 입에 물면 앞발로
지렁이 몸에 묻은 흙을 훑어 낸다.
2005년 5월 서울

두꺼비

물두꺼비

2004년 4월 경기 가평 호명산

물두꺼비는 물에 사는 두꺼비이다. 두꺼비는 땅에서 살지만 물두꺼비는 자주 물속에 들어가 있다. 크기는 두꺼비 절반만 하고 뒷다리에 튼튼한 물갈퀴가 있다. 몸빛은 수컷이 검은 밤색이고 암컷은 붉은색을 띤다.

물두꺼비는 차고 맑은 물이 흐르는 산골짜기에 살면서 낮에는 물속 돌 밑에 숨어 있어서 잘 볼 수 없다. 밤이 되면 나와서 벌레나 지렁이를 잡아먹는다. 물속에 사는 벌레도 먹고 땅에 사는 것도 잡아먹는다. 날이 추워지면 수컷이 암컷을 껴안고 함께 물속으로 들어가 겨울잠을 잔다.

봄이 되면 겨울잠에서 깨어나 짝짓기를 하고 알을 낳는다. 물두꺼비 울음소리는 아직까지 알려지지 않았다. 물두꺼비는 두꺼비와 달리 산 밑으로 안 내려오고 골짜기 물속에다 알을 낳는다. 두꺼비처럼 알주머니를 두 줄로 길게 낳는데, 물에 안 떠내려가게 돌이나 가랑잎에 감아 놓기도 한다. 알주머니에는 알이 600~1,300개쯤 들어 있다. 알을 낳은 지 3일쯤 지나면 알에서 올챙이가 깨어 나온다.

다른 이름 귀신개구리
사는 곳 산골짜기 물속
먹이 물속 벌레, 거미, 지렁이
나오는 때 밤
분포 우리나라, 중국, 러시아, 몽골
학명 *Bufo stejnegeri*

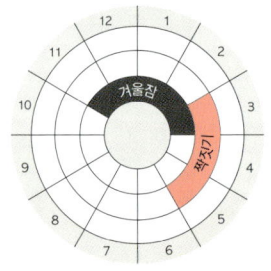

수컷
2004년 9월 경기 가평 호명산

암컷
2004년 6월 강원 인제 점봉산

몸길이는 4~6.5cm이다. 온몸에 오톨도톨한 돌기가 나 있고, 등 가운데로 가는 줄이 똥구멍까지 나 있다. 몸빛은 수컷이 검은 밤색이고 암컷은 붉은색이다. 두꺼비와 달리 고막이 없다.

물두꺼비

청개구리

2004년 8월 전북 변산

청개구리

청개구리는 나뭇가지나 풀포기에 잘 올라가 앉아 있다. 발가락 끝에 동글동글한 빨판이 있고 끈적끈적한 물도 나와서 얇은 풀잎에 매달려서도 안 떨어지고 잘 옮겨 다닌다. 우리나라에 사는 개구리 가운데 나무에 오를 수 있는 개구리는 청개구리뿐이다. 그래서 '나무개구리'라고도 한다.

청개구리는 몸빛이 풀색이어서 이파리 사이에 숨어 있으면 눈에 잘 안 띈다.[25] 가만히 숨어 있다가 벌레가 가까이 오면 잡아먹는데, 날아가는 벌레를 펄쩍 뛰어서 잡아먹기도 한다. 땅이나 돌 위에 내려오면 몸빛을 금세 바꾼다. 10월이 되면 땅속을 파고 들어가거나 죽은 나무 밑이나 돌 밑에서 겨울잠을 잔다.

청개구리는 우리나라에 사는 개구리 가운데 몸집이 가장 작지만 울음소리는 가장 크다. 밤에 '깩 깩 깩' 하고 우는데 흐린 날에는 낮에도 시끄럽게 운다. 청개구리는 울음주머니가 한 개이다. 턱 밑에 있는 울음주머니가 풍선처럼 부풀었다 쪼그라들었다 하며 운다. 크게 부풀리면 자기 몸보다 더 커진다. 수컷이 큰 소리로 울면 암컷은 울음소리를 가장 크게 내는 수컷 앞으로 뛰어간다. 그리고 수컷이 껴안으면 함께 논물 속으로 들어간다. 암컷은 한 번에 10~20개쯤 알을 낳아 모나 물풀에 붙인다. 한 번 알을 낳으면 다른 곳으로 옮겨서 또 똑같이 알을 낳는다. 그렇게 알을 300~500개쯤 낳는다. 알은 끈기가 없어서 건드리면 논바닥에 가라앉는다. 알에서 깨어난 올챙이는 20일쯤 지나면 다 자라서 물 밖으로 나온다.

다른 이름 나무개구리, 풀개구리, 풋개구리, 앙마구리
사는 곳 산기슭, 밭
먹이 딱정벌레, 파리, 벌, 잠자리
나오는 때 낮
분포 우리나라, 일본, 만주, 중국 북부, 러시아 연해주
학명 *Hyla japonica*

몸길이는 3~5cm이다. 등은 풀색이고 배는
하얗다. 주변 환경에 따라 몸빛을 잘 바꾼다.
살갗은 아주 얇고 부드럽다. 등은 매끈하고
배에는 잔 알갱이가 빽빽하게 나 있어 깔깔하다.
발가락 끝에는 둥근 빨판이 있다.
2004년 5월 전북 변산

청개구리는 울음주머니가 한 개이다.
수컷만 울음주머니가 있고 암컷은 없다.
깜깜한 밤에 나와 운다.
2004년 6월 강원 양양

청개구리 짝짓기

청개구리는 짝짓기 때가 아니면 물에 잘 안 들어간다. 물갈퀴도 거의 없다. 짝짓기 때가 되면 청개구리는 논으로 모여든다. 모내기를 마친 논에서 5월 중순쯤에 울기 시작해서 7월까지 왁자하게 운다. 낮에는 논 가까이에 있는 풀숲이나 산기슭에 있다가 해가 질 무렵에 논으로 모여든다. 해가 지고 풀숲에서 청개구리 한 마리가 이따금 울기 시작하면 가까이 숨어 있던 다른 청개구리들도 따라 운다. 그러다 몇몇 청개구리가 논으로 자리를 옮겨서 울기 시작하면 다른 개구리들이 논으로 따라간다. 논물 속에서 안 울고 가장자리에서 운다. 울음소리가 왁자한 논에 청개구리가 더 많이 모여든다.

청개구리와 수원청개구리

우리나라에는 청개구리와 수원청개구리가 산다. 수원청개구리는 수원, 평택, 천안, 강화 같은 곳에서만 발견되었다. 다른 나라에서는 안 살고 우리나라에서만 산다. 생김새는 청개구리와 똑같아서 겉모습만 보고는 청개구리인지 수원청개구리인지 모른다. 그렇지만 울음소리가 사뭇 다르다. 청개구리는 밤에만 우는데 수원청개구리는 낮에도 잘 운다. 청개구리는 '깩 깩 깩, 깩 깩 깩' 하고 낮은 소리로 바삐 울지만, 수원청개구리는 날카로운 쇳소리로 '챙, 챙' 하고 더디게 운다. 우는 소리를 함께 들으면 소리가 다르다는 것을 금방 알 수 있다. 자리를 잡고 우는 곳도 서로 다르다. 청개구리는 논둑에 앉아 우는데, 수원청개구리는 논 가운데로 들어가 모를 네 발로 붙들고 앉아서 운다.

몸빛 바꾸기

청개구리는 제 몸을 지키려고 몸빛을 잘 바꾼다. 보통 때는 풀색이지만 나무줄기에 있으면 나무껍질 색깔로, 땅 위에 내려오면 흙색으로 바꾼다. 한 시간쯤 지나면 몸빛을 다 바꾼다. 몸빛을 둘레 색깔에 맞춰 바꾸면서 천적이 못 알아채도록 몸을 숨긴다. 또 아무것도 모르고 가까이 다가오는 작은 벌레나 파리, 모기, 잠자리 따위 날벌레를 잡아먹을 수 있다. 이렇게 주변 환경에 맞춰 바뀌는 몸빛을 '보호색'이라고 한다.

청개구리가 청미래덩굴 잎에 찰싹 붙었다. 바람에 잎이 흔들려도 꼭 붙어 있다. 몸빛은 풀색이다.
2004년 8월 강원 양양

청개구리가 가랑잎 위에 앉았다. 몸빛이 가랑잎 색으로 바뀌었다.
2004년 5월 전남 조도

청개구리가 잿빛 바위 위에 올라앉았다. 몸빛이 바위 따라 잿빛이 되었다.
2004년 4월 경기 용인 한택식물원

맹꽁이

맹꽁이는 '맹꽁맹꽁' 운다고 맹꽁이다. 우리가 손가락으로 코를 쥐고 '맹 맹' '꽁 꽁' 해도 비슷한 소리가 난다. 낮에는 튼튼한 뒷다리로 땅을 파고 들어가 숨어 있다가 밤이 되어야 나온다. 뒷다리로 땅을 잘 파고 들어가서 '쟁기발개구리'라고도 한다. 엉금엉금 기어 다니면서 개미나 지렁이를 잘 잡아먹고 딱정벌레, 거미, 모기 같은 작은 벌레도 먹는다. 위험을 느끼면 몸을 땡땡하게 부풀리고 살갗에서 끈적끈적한 우윳빛 진물을 낸다.

맹꽁이는 겨울잠에서 잠깐 깨어났다가 다시 땅속으로 들어가 봄잠을 잔다. 초여름에 장맛비가 한 차례 많이 내리면 봄잠에서 깨어난 맹꽁이 울음소리를 들을 수 있다. 맹꽁이는 장맛비에 생긴 웅덩이나 도랑물, 논, 하수구에 모인다. 수컷과 암컷이 거의 같은 때에 모여들어 짝짓기를 한다.[26] 이때는 몸을 공처럼 부풀려서 덩치가 커 보이게 한다. 암컷은 하룻밤에 알을 600개쯤 낳는다. 알은 물 위에 동동 떠서 처음에는 서로 붙어 있다가 시간이 지날수록 하나하나 떨어진다. 맹꽁이 알은 물 위에 하나하나 뜨기 때문에 소금쟁이한테 잘 잡아먹힌다. 하루 이틀이면 알에서 올챙이가 깨어 나온다. 올챙이는 빠르게 자란다. 먹을 것이 넉넉하면 12일 만에도 다 자란다. 웅덩이가 다 마르기 전에 알은 올챙이를 거쳐서 새끼 맹꽁이가 된다. 겨울이 되면 땅속에 들어가 겨울잠을 잔다.

다른 이름 쟁기발개구리, 맹꼬리, 맹꾕이, 멩마구리, 밍매기
사는 곳 들, 산
먹이 개미, 지렁이, 거미, 모기
나오는 때 밤
분포 우리나라, 중국 만주
학명 *Kaloula borealis*

다 자라면 몸길이가 4.5cm쯤 된다. 몸빛은 풀색이거나 밤색이고 등에 검은 무늬가 있다. 머리는 작고 몸통은 크고 뚱뚱하다. 수컷은 목에 울음주머니가 한 개 있다.

2004년 7월 서울 상암 하늘 공원

맹꽁이 울음소리

맹꽁이는 비가 오거나 비 온 다음 날 많이 운다. 낮에는 안 울고 해거름에 울기 시작해서 밤새도록 운다. 물풀이나 돌 밑에 숨어 몸을 물에 반쯤 담그고 운다. 울음주머니가 청개구리처럼 한 개이고 풍선처럼 크게 부풀리면서 '맹 맹 맹 맹' 하고 운다. 한 마리가 '맹' 하고 울면 옆에 있던 맹꽁이가 더 크게 '꽁' 하고 운다. 떼로 울어도 서로 울음소리가 안 겹쳐서 '맹 꽁 맹 꽁' 소리로 들린다. 이처럼 여럿이 함께 울어 '맹 꽁 맹 꽁' 하고 들리는 것이지 한 마리가 우는 소리가 아니다. 아주 조그만 소리에도 놀라 울음을 그치고 물속으로 쏙 숨는다.

맹꽁이는 추워지기 전에 일찌감치 땅속에 들어가 겨울잠을 잔다.
2005년 10월 제주 금오름

맹꽁이 몸이 크게 부풀었다. 수컷이 암컷 겨드랑이를 꼭 껴안는다. 암컷은 물에 둥둥 떠서 알을 낳는다.
―――――――――
2003년 7월 서울 상암 하늘 공원

맹꽁이 올챙이는 두 눈이 머리 양쪽으로 멀리 벌어져 있다. 몸통에 불그스름하고 검은 점무늬가 자잘하게 나 있다.
―――――――――
2005년 8월 서울 강서 생태 공원

알은 덩어리가 안 지고 하나하나 떨어져서 물 위에 떠 있다. 소금쟁이가 알을 잘 잡아먹는다.
―――――――――
2004년 7월 서울 상암 하늘 공원

참개구리

참개구리는 논이나 연못, 강가, 저수지에서 산다. 강둑이나 논둑 풀숲에 앉아 있다가 사람이 다가가면 재빨리 물속으로 뛰어 들어가 숨는다. 조금 지나면 눈과 콧구멍만 물 위로 삐죽이 내놓고 있다가 다시 둑 위로 올라온다. 풀숲에 꼼짝 않고 숨어 있다가 먹이가 가까이 오면 재빨리 혀를 쭉 내밀어 잡아먹는다. 딱정벌레나 나방, 거미, 벼멸구, 달팽이 따위를 잘 먹는다.[27] 눈앞에서 움직이는 것은 무엇이든지 덤벼들어 잡는다.

모내기 철이면 참개구리 울음소리를 들을 수 있다. 저녁때 논물 속에 들어가서 '꾸르륵 꾸르륵' 하고 왁자하게 운다. 두 볼에 있는 울음주머니가 불룩불룩 부풀었다 쪼그라들었다 한다. 모내기를 마친 논 여기저기에는 참개구리가 낳은 알 덩어리가 물에 잠겨 있다. 장마가 끝나고 여름이 시작되면 막 꼬리가 없어진 새끼 개구리가 땅으로 올라온다. 날씨가 추워지면 햇볕이 잘 드는 밭둑이나 논둑을 파고 들어가 겨울잠을 잔다. 예전에는 가장 흔하게 볼 수 있는 개구리였는데 논에 농약을 많이 치고 물이 더러워지면서 참개구리도 이제는 보기 드물어졌다.

다른 이름 논개구리, 떡개구리, 억묵쟁이, 왕머구리
사는 곳 논, 강, 웅덩이
먹이 메뚜기, 잠자리, 나방, 거미, 벼멸구, 달팽이
나오는 때 낮
분포 우리나라, 중국, 일본
학명 *Rana nigromaculata*

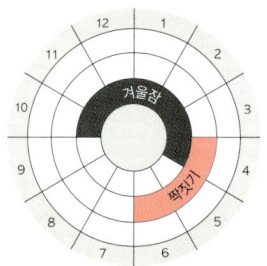

암컷
2004년 8월 강원 양양

수컷
2004년 6월 강원 양양

몸길이는 6~9cm쯤 된다. 보통 암컷은 밤색을 많이 띠고 수컷은 풀색을 띤다. 온몸에 검은 무늬가 어지럽게 흩어져 있다. 주둥이 끝에서 꽁무니 끝까지 등 가운데로 줄이 하나 나 있다. 다리에는 검은 띠무늬가 있고 뒷다리에는 물갈퀴가 있다.

참개구리 85

참개구리 한살이

참개구리는 4월 초부터 울기 시작한다. 저녁때 물이 고여 있는 논에 들어가 물에 둥둥 떠서 머리만 내놓고 울거나 뒷다리로 땅을 짚고 운다. 참개구리가 우는 논에 청개구리가 내려와 함께 울기도 한다. 알은 덩어리로 낳는다. 알 덩어리는 지름이 20cm쯤 된다. 알 덩어리 하나에 알이 1,000개쯤 있다. 알 덩어리는 벼 포기나 다른 물체에 안 붙고 그대로 물속에 잠겨 있거나 떠 있다. 알은 이틀쯤 지나면 꼬리가 자라기 시작하고 머리 쪽에 아가미도 생겨서 점점 올챙이 꼴을 갖춘다. 올챙이는 알 껍질 속에서 꼬물거리다가 알을 낳은 지 5~9일쯤 지나면 알 껍질을 뚫고 빠져나온다. 갓 나온 올챙이는 알 껍질을 갉아 먹다가 물풀이나 물이

수컷은 암컷 등에 올라타서 암컷 겨드랑이를 꼭 껴안고 짝짓기를 한다. 암컷이 수컷보다 더 크다.

알 덩어리는 물속에 그냥 떠 있거나 가라앉는다. 알 덩어리는 다른 개구리 알 덩어리보다 커서 지름이 20cm쯤 된다.

알은 이틀쯤 지나면 꼬리가 자라기 시작하고, 5~9일쯤 지나면 올챙이가 되어 알집을 빠져나온다.

끼를 먹고 자란다. 알집에서 나온 지 2~3일 지나면 밖으로 튀어나온 아가미가 사라진다. 개구리 올챙이는 뒷다리가 먼저 나오고 앞다리가 나온다. 꼬리가 붙은 곳에 작은 혹이 생기는데 이것이 점점 커지면서 뒷다리가 된다. 앞다리는 몸 안에서 자라다가 불쑥 나온다. 앞발이 나오면 얕은 물가에 모이는데 때로는 물 밖에서 뛰어다니기도 한다. 이 무렵 아가미가 사라지고 허파나 살갗으로 숨을 쉴 수 있게 된다. 점점 꼬리가 줄어들면서 개구리가 된다. 이렇게 알에서 개구리가 되기까지 두 달쯤 걸린다. 개구리가 되어도 3년쯤 더 자라야 알을 낳을 수 있다.

꼬리가 없어지면 물가 풀숲에서 먹이를 잡아먹고 산다.

네 다리가 다 나오면 잠깐 땅 위로 올라와 돌아다니기도 한다. 꼬리는 툭 떨어지는 것이 아니라 점점 짧아지다가 사라진다.

참개구리 올챙이는 달걀꼴이고 가로로 약간 납작하다. 몸통 길이는 꼬리 길이의 1/3쯤 된다. 올챙이는 도롱뇽과 달리 뒷다리가 먼저 나온다.

뜀뛰기와 헤엄치기

참개구리는 뜀뛰기도 잘하고 헤엄도 아주 잘 친다. 참개구리는 자기 몸을 지킬 별다른 재주가 없어서 천적이 가까이 오기 전에 재빨리 알아채고 도망가는 수밖에 없다. 그래서 낌새가 이상하면 긴 뒷다리로 땅을 박차고 올라 펄쩍펄쩍 뛰어 달아난다. 늘 물 가까이에 있다가 물속으로 달아난다. 헤엄칠 때는 앞다리는 몸에 착 붙이고 뒷다리를 한꺼번에 오므렸다 폈다 하면서 물갈퀴로 물을 쭉쭉 민다. 우리가 흔히 말하는 '개구리 헤엄'이다. 물속에서는 얇은 아래 눈꺼풀이 올라와 눈을 덮어 눈을 보호하고 물안경을 쓴 것처럼 물속에서도 잘 볼 수 있다.

모내기 철이면 참개구리 울음소리를 들을 수 있다. 다른 수컷이 가까이 다가오면 더 크고 빠르게 운다. 그러다 사람이 가까이 다가가면 한꺼번에 울음을 뚝 그친다. 조용하다가 한 마리가 '꾸르륵' 하면 너도나도 따라서 운다.

2004년 5월 충남 태안

금개구리는 이름처럼 등 양쪽에 금색 줄이 불룩 솟아 있다. 올챙이도 꼬리지느러미에 금색 줄이 있다. 참개구리와 크기도 비슷하고 생김새도 닮았는데 등 가운데에 줄이 없는 점이 다르다. 논보다는 저수지나 늪 같은 넓고 깊은 물에서 산다.

금개구리는 물에서 잘 나오지 않는다. 참개구리는 알을 낳고 나면 땅으로 올라와 풀숲에서 사는데, 금개구리는 늘 물속에서 지내고 물 밖으로는 잘 안 나온다. 물풀이나 연잎 위에 올라가 꼼짝 않고 있다가 가까이 날아오는 파리나 벌, 잠자리, 거미, 사마귀 같은 벌레를 잡아먹는다. 때로는 연못 바닥까지 헤엄쳐 내려가 잠자리 애벌레나 작은 물고기도 잡아먹는다. 물에서 잘 안 나오기 때문에 물이 더러워지면 금세 사라진다.

금개구리는 참개구리보다 한 달쯤 늦은 6월에 짝짓기를 많이 한다. 이때는 논둑이나 연못 가장자리에 앉아 물을 바라보며 운다. 울음주머니가 없어서 '쯔 쯔 끼이익' 하고 조그맣게 목으로 소리를 낸다. 알은 한 알 한 알 낱낱이 떨어져 물 위에 뜬다. 알을 못 안쪽에 낳아서 보기가 쉽지 않다. 일주일쯤 지나면 알에서 올챙이가 깨어난다. 올챙이는 8월쯤 되면 새끼 개구리가 된다.

금개구리는 흔하지 않다. 사는 곳이 경기도 광명과 파주, 충청남도 태안, 경상남도 우포늪처럼 몇 군데 안 된다.

다른 이름 금줄개구리, 금와
사는 곳 저수지, 늪, 웅덩이
먹이 잠자리, 거미, 피라미, 작은 물고기, 물속 벌레
나오는 때 낮
분포 우리나라
학명 *Rana plancyi chosenica*

몸길이는 5~6cm쯤 된다. 몸빛은 밝은 풀색이고 배는 노란데, 사는 곳에 따라 조금씩 다르다. 등 양쪽으로 금색 줄이 눈 뒤부터 뒷다리 가까이까지 나 있다. 울음주머니가 없다. 뒷발 물갈퀴는 길고 두껍다.

2004년 5월 경기 광명

금개구리가 물에 둥둥 떠서 물 밖을 내다보고 있다. 개구리 무리는 눈이 툭 튀어나와서 물 위로 눈만 내놓고 밖을 볼 수 있다.

2005년 8월 경기 파주

옴개구리

2004년 5월 경기 덕소

옴개구리는 온몸에 돌기가 나 있어 언뜻 보면 두꺼비 새끼 같다. 그렇지만 두꺼비처럼 자잘한 돌기가 오톨도톨 나 있지 않고 길쭉길쭉한 돌기가 등에 나란히 나 있다. 폴짝폴짝 잘 뛰고 긴 뒷다리를 쭉쭉 뻗으면서 헤엄도 잘 친다. 물속에 살면서 여간해서는 물 밖으로 안 나오고 물가를 멀리 떠나지도 않는다.

옴개구리는 차고 맑은 산골짜기 물에서도 살고, 속이 안 보이는 더러운 개골창에서도 산다. 낮에는 물속 돌 밑이나 진흙 속에 웅크린 채 꼼짝 않고 숨어 있다. 밤이 되면 나와서 나방이나 모기, 지렁이, 벌레를 잡아먹는다. 겨울이 되면 여러 마리가 물속 돌 밑에 모여 겨울잠을 잔다.

옴개구리는 늦봄에 깨어나 물풀이 우거진 물가에 여러 마리가 모여들어 짝짓기를 한다. 밤이 되면 물가나 물풀, 바위 위에 올라가 서로 떨어져서 운다. 옴개구리는 울음주머니가 따로 없어서 목으로 '촉, 촉, 촉' 하고 운다. 다른 개구리처럼 큰 소리를 내지는 못하지만 한꺼번에 울면 소리가 꽤 시끄럽다.[28] 짝을 지은 암컷은 여기저기 돌아다니면서 알을 낳는다. 알은 하나하나 떨어져 물풀이나 나뭇가지에 붙는다. 5일쯤 지나면 올챙이가 깨어나고 80~90일쯤 지나면 새끼 옴개구리가 된다.

다른 이름 주름돌기개구리
사는 곳 산골짜기, 강, 개골창
먹이 나방, 모기, 지렁이, 물속 벌레
나오는 때 밤
분포 우리나라, 중국, 일본
학명 *Rana rugosa*

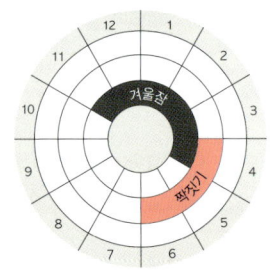

다 자란 것은 몸길이가 4~6cm쯤 된다. 등은
짙은 밤색이거나 잿빛이고 배는 잿빛이거나
누렇다. 등에 돌기가 세로로 몽뚝몽뚝 나 있다.
다리에 검은색 띠가 있다.
2004년 5월 경기 덕소

옴개구리 수컷은 울음주머니가 따로 없어서
목을 조금씩 불룩거리면서 '촉, 촉, 촉' 하고
운다.
2004년 8월 서울 상암 월드컵 공원

산개구리

2004년 2월 전북 변산

산개구리

산개구리는 온몸이 누렇고 눈 뒤에 검은 무늬가 있다. 골짜기 물속에 납작 엎드려 있으면 가랑잎과 색깔이 비슷해서 잘 못 알아본다. 산에 산다고 '산개구리'이다.

낮에는 나무둥치나 물속 바위 밑에 숨어 있다. 밤에 나와서 풀숲을 돌아다니면서 날벌레나 개미, 지렁이, 거미를 잡아먹는다. 겨울에는 개울물 속에 수북이 쌓인 가랑잎 밑이나 바위 밑에 여러 마리가 모여 겨울잠을 잔다. 예전에 먹을 것이 적을 때는 골짜기 돌을 뒤집어 겨울잠 자는 산개구리를 잡아서 고기 대신 먹기도 했다.

산개구리는 경칩 때인 3월 초에 산 아래 웅덩이나 개울이나 물 댄 논으로 짝짓기를 하러 내려온다. 이 무렵에 산개구리를 가장 흔하게 볼 수 있다. 전라도에서는 '뽀오옹악, 뽀오옹악' 하고 시끄럽게 운다고 '뽕악이'라고도 한다. 수십 마리가 모여들어 엎치락뒤치락하면서 짝짓기를 한다. 웅덩이 가득 알을 낳아 놓고 다시 산으로 올라간다. 산개구리 알 덩어리는 물에 떠 있는데 축구공만큼 커지기도 한다. 알은 일주일쯤 뒤에 올챙이가 된다. 막 깨어 나온 올챙이는 알 껍질을 갉아 먹다가 점점 부드러운 물풀이나 물이끼를 먹으면서 자란다. 올챙이는 두 달 반쯤 지나면 개구리가 된다.

다른 이름 북방산개구리, 식용개구리, 뽕악이, 독개구리, 송장개구리
북녘 이름 기름개구리
사는 곳 산골짜기, 산기슭 무논
먹이 날벌레, 개미, 지렁이, 거미
나오는 때 밤
분포 우리나라, 중국 동북부, 일본 쓰시마 섬, 러시아
학명 *Rana dybowskii*

몸길이는 6~7cm쯤 된다. 눈 뒤쪽으로 검은
무늬가 뚜렷하다. 몸빛은 밤색이거나 짙은
밤색인데 점무늬가 있는 것도 있다. 뒷다리
넓적다리와 정강이에 검은 줄이 가로로 나 있다.

2004년 3월 전북 고창

산개구리

산개구리 무리

우리나라에는 산개구리, 한국산개구리, 계곡산개구리 이렇게 세 종이 있다.[29] 예전에는 서로 구분하지 않고 모두 산개구리라고 불렀다. 계곡산개구리는 높은 산 골짜기에 살면서 알을 낳으러 산 밑으로 안 내려온다. 산개구리는 그보다 낮은 산기슭에, 한국산개구리는 산기슭 논에 많다. 모두 몸빛이 밤색이고 눈 주위에 검은 무늬가 있다. 산개구리는 눈 뒤에만 검은 무늬가 있고, 한국산개구리는 눈 뒤에서 눈앞 주둥이 끝까지 검은 무늬가 있다. 계곡산개구리는 산개구리보다 몸에 검은 점이 훨씬 더 많다. 몸 크기는 산개구리가 가장 크고 한국산개구리가 가장 작다. 물갈퀴는 골짜기에 사는 계곡산개구리가 가장 크고 넓적하고, 한국산개구리 물갈퀴가 가장 작다.

겨울잠에서 깨어 나온 산개구리
산개구리 무리는 다른 개구리보다 빨리 겨울잠에서 깨어나 짝짓기를 한다.

2004년 2월 전북 변산

산개구리 올챙이는 몸통이 둥글고, 몸통 길이가 꼬리 길이 반쯤 된다. 여러 마리가 모여 물속에 떨어진 가랑잎을 뜯어 먹는다. 사람이 가까이 다가가면 흙탕물을 일으키면서 쪼르르 도망간다.

2004년 4월 경기 분당 맹산

✳ 산개구리 무리 알 비교

산개구리 알
알 덩어리는 물 위에 떠 있다. 지름이 6~14cm이고 물을 머금으면서 더 커지기도 한다. 알 덩어리 하나에는 알이 500~3,000개쯤 있다.
2004년 2월 전북 변산

한국산개구리 알
알 덩어리가 어른 주먹만 하다. 물 위에 안 뜨고 물속에 가라앉는다. 알 덩어리에는 알이 30~60개 있다.
2004년 2월 경기 수원 광교산

계곡산개구리 알
물살에 안 떠내려가게 알 덩어리를 돌에 붙여 낳는다. 알 덩어리는 지름이 10cm쯤 된다.
2004년 3월 경기 포천 광덕산

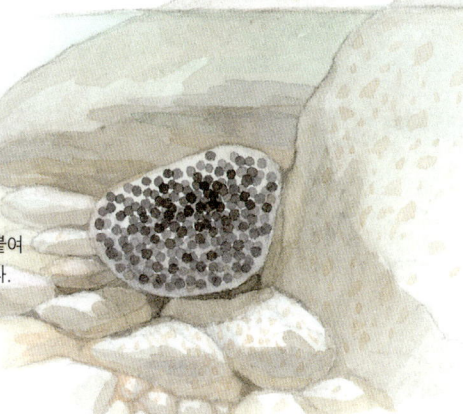

한국산개구리

2004년 2월 경기 수원 광교산

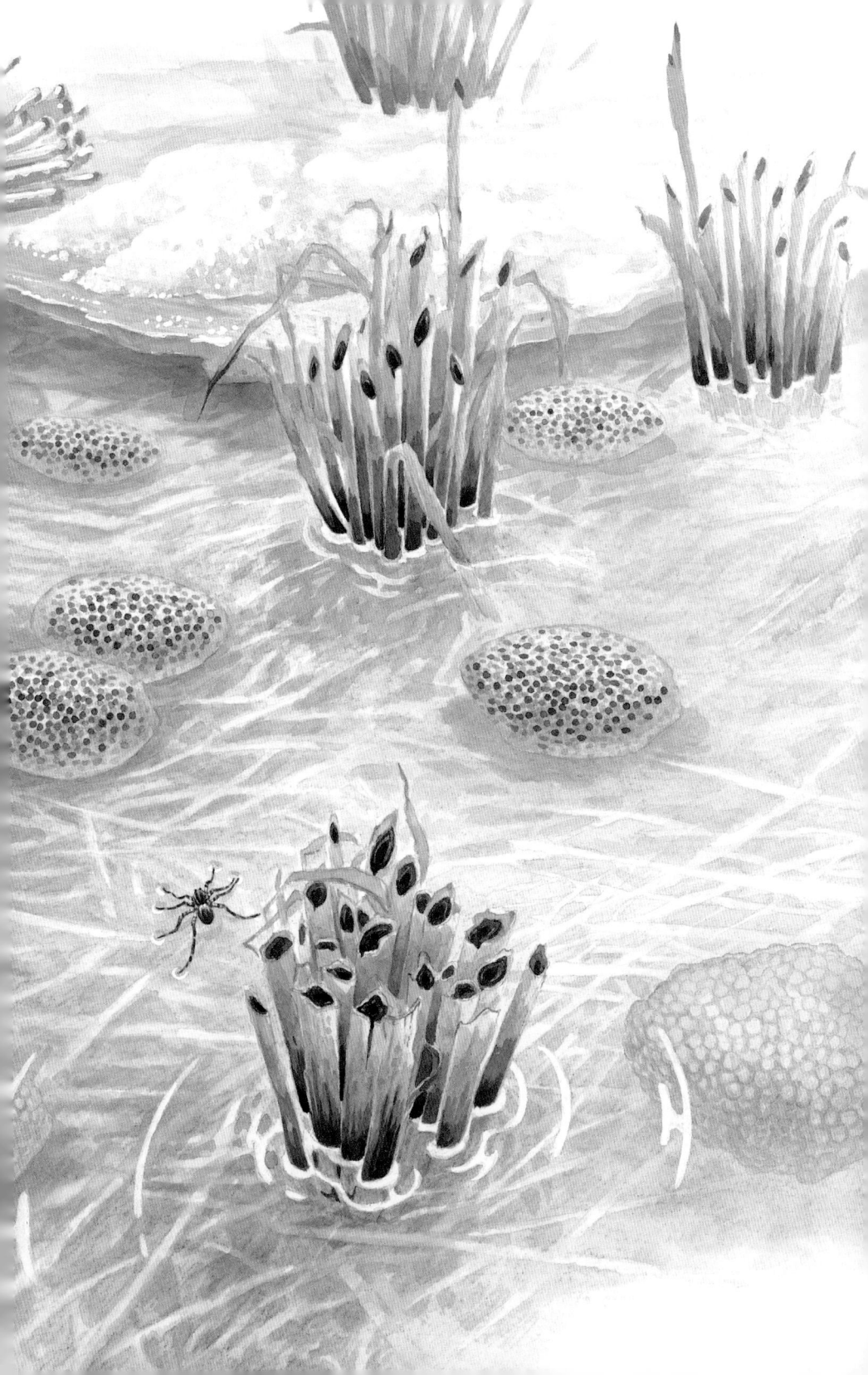

한국산개구리는 산개구리보다 훨씬 작고 날씬하게 생겼다. 산개구리와 닮아서 모르고 보면 산개구리 새끼인 줄 안다. 산개구리는 검은 무늬가 눈 뒤에만 있는데 한국산개구리는 주둥이 끝까지 나 있다. 중국과 러시아를 흐르는 아무르강에서 처음 발견했다고 아무르라는 이름을 붙였다가, 요즘에서야 우리나라에만 사는 종으로 밝혀지면서 한국산개구리로 이름을 바꾸었다. 짝짓기 철에 암컷 배가 붉어진다고 '붉은개구리'라고도 한다.

한국산개구리는 개구리 가운데 가장 먼저 겨울잠에서 깨어난다. 아직 살얼음이 어는 이른 봄에 나와서 짝짓기를 한다. 수컷은 '똑 똑 똑 똑' 하고 우는데 나무판을 두드리는 소리 같다. 짝짓기를 하고 나면 논에 주먹만 한 알 덩어리를 낳는다. 알 덩어리는 물에 가라앉는데, 방금 낳은 알은 속이 환히 들여다보이지만 시간이 지나면서 물때가 낀다. 그것을 보고 방금 낳은 알인지 아닌지 알 수 있다. 알 덩어리에는 알이 30~60개쯤 있다. 일주일쯤 지나면 올챙이가 깨어난다. 한국산개구리가 알을 낳은 논에 산개구리가 내려와서 알을 낳기도 한다. 산개구리는 알을 낳고 다시 산으로 올라가지만 한국산개구리는 알 낳은 곳 둘레에서 살며 멀리 안 떠난다.

다른 이름 붉은개구리, 좀개구리
북녘 이름 애기개구리
사는 곳 산기슭 무논
먹이 작은 벌레
분포 우리나라
학명 Rana coreana

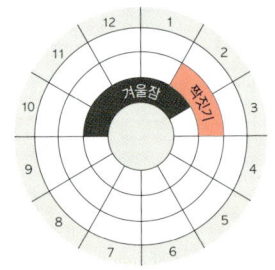

다 자라면 3.5~4cm쯤 된다. 눈 뒤에서 시작된 검은 무늬가 주둥이 끝까지 나 있다. 몸빛은 진한 밤색이고 배는 불그스름하다. 뒷다리에는 검은 줄이 가늘게 여러 줄 나 있다.

2004년 5월 경기 수원

2004년 3월 경기 포천 광덕산

계곡산개구리

계곡산개구리는 높은 산 골짜기에 산다. 산개구리와 많이 닮았는데 몸에 검은 무늬가 더 많고 뒷다리 물갈퀴가 더 크고 튼튼하다. 배에도 검은 점무늬가 흩어져 있다. 산 밑으로는 안 내려오고 골짜기에 살면서 날벌레나 거미, 지렁이를 잡아먹는다. 날씨가 추워지면 물속 돌 밑이나 수북이 쌓인 가랑잎 밑에 들어가서 겨울잠을 잔다. 한겨울에 물속에 있는 돌을 들춰 보면 몸을 움츠리고 가만히 겨울잠을 자는 계곡산개구리를 볼 수 있다.

이른 봄에 겨울잠에서 깨어나 짝짓기를 한다. 짝짓기 때가 되면 산개구리는 턱 밑과 배에 붉은 무늬가 나타나는데, 계곡산개구리는 얼룩덜룩한 풀색 무늬가 나타난다. 계곡산개구리는 울음주머니가 없는데 아직까지 우는지 안 우는지 확실히 모른다. 알은 물살이 느린 골짜기 물가에 덩어리로 낳는다. 물살에 안 떠내려가게 알 덩어리를 바위나 돌에 붙여 낳기도 한다. 알끼리 서로 딴딴하게 붙어 있어서 잘 안 떨어진다. 우리나라에 사는 개구리 가운데 돌에 알 덩어리를 붙여 낳는 것은 계곡산개구리뿐이다. 계곡산개구리는 산개구리와 같은 개구리로 여겨지다가 2000년에 다른 종으로 밝혀졌다.

먹이 날벌레, 거미, 지렁이
사는 곳 산골짜기
분포 우리나라, 중국
학명 *Rana huanrenensis*

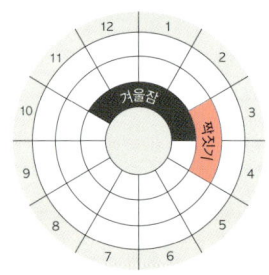

몸길이는 6~7cm쯤 된다. 암컷과 수컷 크기가 거의 같다. 눈 뒤쪽으로 검은 무늬가 있고 배와 턱 밑에도 검은 점이 흩어져 있다. 뒷다리 물갈퀴가 산개구리보다 크다. 짝짓기 철에 암컷은 배와 턱 밑에 풀색 무늬가 나타난다. 수컷은 울음주머니가 없다.

2004년 5월 경기 포천

2004년 8월 전북 고창

황소개구리는 우리나라에 사는 개구리 가운데 가장 크다. 어른이 한 손으로 움켜쥐기 힘들 만큼 크다. 다른 나라에서 들여와 기르다가 흩어져 온 나라에 퍼지게 되었다.[30] 울음소리가 황소 울음처럼 크고 우렁차다고 '황소개구리'라는 이름이 붙었다. 짝짓기 철이면 냇가 풀숲이나 저수지 물풀 사이에서 '우우~웅, 우우~웅' 하고 굵고 낮은 소리로 운다. 북녘에서는 덩치가 크다고 '왕개구리'라고 한다.

황소개구리는 냇가나 저수지에서도 살고, 둠벙이나 논에서도 산다. 물풀이 많이 자라고 물이 깊어 겨울에도 얼지 않는 곳이면 어디에서나 잘 산다. 물속에 사는 잠자리 애벌레나 물고기부터 들쥐나 작은 뱀까지 움직이는 것은 무엇이든지 닥치는 대로 잡아먹는다. 우리나라에 처음 퍼졌을 때는 뱀이나 왜가리, 족제비도 덩치 큰 황소개구리는 쉽사리 못 잡아먹었다.[31] 천적이 없어서 수가 너무 많아져 문제가 되기도 했지만 지금은 그 수가 점점 줄어들고 있다. 황소개구리가 우리나라 생태계에 점점 자리를 잡으면서 너구리나 왜가리나 유혈목이 따위에게 잡아먹히는 모습이 곧잘 눈에 띈다.

황소개구리는 물이 안 흐르고 물풀이 수북하게 자란 곳에 알을 낳는다. 알 덩어리는 아주 커서 80cm쯤 되고 알이 6,000개에서 4만 개쯤 된다. 올챙이는 3~10일쯤 지나면 깨어난다. 그해에 개구리가 되는 올챙이도 있지만 대부분 겨울을 나고 이듬해에 어른 개구리가 된다. 그래서 황소개구리 올챙이는 가을에도 볼 수 있다.

다른 이름 식용개구리
북녘 이름 왕개구리, 소개구리
사는 곳 냇가, 저수지, 웅덩이, 논
먹이 벌레, 물고기, 작은 들쥐, 새끼 뱀
나오는 때 낮
분포 온 세계
학명 Rana catesbeiana

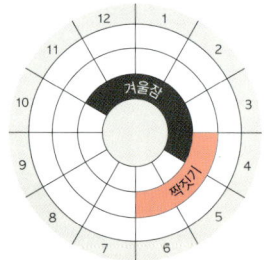

몸길이는 12~20cm이다. 몸은 누런 풀색이나 밤색인데 검은 무늬가 여기저기 흩어져 있다. 어릴 때는 풀색이 많이 돈다. 몸무게는 보통 200~400g쯤인데 1kg까지 나가는 것도 있다. 암컷은 배 가장자리에 밤색 무늬가 있고 수컷은 목이 황금색이다. 우리나라에 사는 다른 개구리와 달리 등 양쪽이 불룩 안 솟고 밋밋하다.

2004년 5월 전북 변산

황소개구리 올챙이는 참개구리 올챙이보다 배도 넘게 크다. 어른 손 한 뼘만큼이나 크기도 한다.

참개구리 올챙이

2005년 7월 서울 강서 생태 공원

파충류

생김새 118
사는 곳 120
한살이 122
먹이와 천적 124
몸 지키기 126
겨울나기 128
뱀에 물렸을 때 129

남생이 130
자라 136
붉은귀거북 142
붉은바다거북 148
바다거북 152

도마뱀 154
도마뱀붙이 158
아무르장지뱀 162
줄장지뱀 168
표범장지뱀 174

구렁이 178
누룩뱀 184
무자치 190
유혈목이 194
실뱀 200
능구렁이 204
대륙유혈목이 208
살모사 212
쇠살모사 216
까치살모사 222

생김새

파충류는 살갗[32]이 비늘이나 딱딱한 껍데기로 덮여 있고 허물을 벗는다. 양서류와 달리 살갗으로 숨을 쉬지 않으며 물이 드나들지 못한다. 우리나라에 사는 파충류는 뱀 무리를 빼고 모두 다리가 네 개씩 있다. 무리마다 생김새와 뼈대[33]가 많이 다르다.

거북은 모두 딱딱하고 넓적한 등딱지와 배딱지가 있다. 목을 길게 뺄 수도 있고 등딱지 속으로 숨길 수도 있다. 입은 새 부리처럼 생겨 딱딱하고 날카롭고 이빨이 없다. 눈에는 눈꺼풀이 있다. 민물에 사는 거북은 발가락에 물갈퀴가 있고 바다거북은 앞발이 아예 노처럼 생겼다.

도마뱀 무리는 네 다리가 있고 꼬리가 아주 길다. 네 다리만 빼면 꼭 뱀 같다. 살갗은 거칠거칠하고 허물이 너덜너덜 떨어진다. 뱀과 달리 입을 크게 못 벌려서 작은 벌레를 잡아먹는다. 눈에는 눈꺼풀이 있어서 눈을 깜박일 수 있다. 뱀처럼 긴 혀를 날름거리면서 냄새를 맡는다. 귀는 바깥에서도 보인다. 몸에는 그다지 무늬가 많지 않고 표범장지뱀만이 몸 무늬가 조금 화려할 뿐이다.

뱀은 다리가 없어 땅 위를 꿈틀꿈틀 기어 다닌다.[34] 몸이 아주 길쭉하고 몸에는 종마다 다른 몸 무늬가 나 있다. 살갗은 비늘로 덮여 있는데 거칠거나 매끄럽다. 언

거북 생김새

등딱지 딱딱하다.
입 이빨은 없고 새 부리처럼 생겼다.
꼬리
눈 눈꺼풀이 있다.
다리 발가락과 물갈퀴가 있다.

제나 혀를 날름거리며 냄새를 맡고 혀끝은 두 갈래로 갈라졌다. 귀는 살갗 안에 묻혀 있어서 안 보인다. 눈꺼풀이 없어서 잘 때도 눈을 뜨고 자는데 낮에 돌아다니는 뱀은 눈동자가 동그랗고, 밤에 돌아다니는 뱀은 눈이 고양이 눈처럼 칼 눈이다. 살모사 무리는 먹잇감의 체온을 느끼는 피트 기관[35]이 눈과 코 사이에 있어 깜깜한 밤에도 먹이를 잡을 수 있다. 이빨은 있지만 씹지는 못하고 먹이가 도망가지 못하게 잡고 있는 일만 한다. 독사에게는 독니가 있다.

도마뱀 생김새

다리 발가락이 다섯 개이다. 발톱도 있다.

입 뱀과 달리 크게 못 벌린다.

눈 눈꺼풀이 있다.

꼬리 몸통보다 길다.

뱀 생김새

살갗 거칠거나 매끈한 비늘로 덮여 있다.

몸통 다리가 없고 아주 길다.

꼬리 배 비늘이 둘로 갈라진 곳부터 꼬리이다.

입 큰 먹이를 삼킬 수 있다. 혀끝은 두 갈래로 갈라졌다.

콧구멍 숨을 쉰다.

눈 눈꺼풀이 없다.

사는 곳

 파충류는 양서류와 달리 사는 곳이 훨씬 다양하다. 살갗이 비늘이나 등딱지로 덮여 있어서 몸 안에 있는 물기가 몸 밖으로 날아가지 않는다. 그래서 굳이 양서류처럼 물가에 머물 까닭이 없다. 파충류는 땅에서도 살고 물에서도 산다. 또 양서류가 못 사는 바다에도 들어가 살고 뜨거운 모래밭에서도 산다.

 거북 무리는 대부분 물속에서 살면서 땅 위로는 잘 올라오지 않는다. 땅 위로 올라오면 움직임이 굼뜨다. 바다에서 사는 거북은 알을 낳을 때만 땅으로 올라오고 내내 바다를 헤엄쳐 다니면서 산다.

민물거북은 물속에 자주 들어가 산다.

도마뱀 무리는 땅 위에서 산다.

도마뱀 무리는 물에는 안 들어가고 땅 위에서 산다. 길가 풀숲이나 밭둑에도 나오고 산골짜기에서도 산다. 때때로 나무 위에도 올라가 먹이를 잡는다. 표범장지뱀은 바닷가 모래밭에서 산다.

뱀 무리는 산꼭대기부터 논과 밭에도 살고 사람이 사는 집 안까지 들어오기도 한다.[36)] 까치살모사는 산꼭대기에 살면서 산 밑으로는 거의 안 내려오고 구렁이는 초가집에 살면서 집쥐나 참새를 잡아먹는다. 대부분 땅 위를 기어 다니지만 능구렁이나 누룩뱀은 나무를 잘 타고 올라간다. 무자치는 논에 살면서 물에 들어가 헤엄도 잘 친다.

뱀은 나무에도 잘 올라간다.

뱀은 땅 위를 구불구불 기어 다닌다.

사는 곳

한살이

파충류는 양서류와 달리 체내수정을 한다.[37] 수컷과 암컷이 교미를 하므로 수정될 확률이 높아서 양서류보다 알을 훨씬 적게 낳는다. 짝짓기 때가 되면 페로몬이라는 냄새를 풍겨 짝을 찾는다. 짝짓기를 하고 나면 마른땅이나 모래밭에 알을 낳는다. 알은 개구리 알처럼 말랑말랑하지 않고 새알처럼 껍데기가 있다. 파충류는 대부분 알을 낳으면 돌보지 않지만 구렁이와 누룩뱀은 알을 돌본다.[38] 파충류 새끼는 크기만 작지 어미와 똑같이 생겼다. 알에서 깨어나면 바로 흩어져 스스로 살아간다. 살모사 무리와 무자치, 도마뱀은 알을 안 낳고 새끼를 낳는다.[39]

파충류는 허물을 벗으면서 자란다. 몸통이 커져도 살갗이 안 자라기 때문이다. 죽을 때까지 한 해에 몇 번씩 허물을 벗는다. 뱀은 허물을 한 번에 쭉 벗고 도마뱀은 허물이 너덜너덜 떨어진다. 거북은 등딱지가 한 장 한 장 떨어진다.

새끼 바다거북은 깨어나자마자 바다로 기어간다.

파충류는 암컷과 수컷이 교미를 한다.

파충류는 허물을 벗고 자란다.

누룩뱀과 구렁이는 알을 품는다.

거북 무리는 모래밭에 알을 낳는다.

한살이 123

먹이와 천적

파충류는 대부분 살아 있는 다른 동물을 잡아먹고 산다. 뱀 무리와 도마뱀 무리는 육식성이고 거북 무리는 잡식성이다. 파충류는 체온을 유지하는 데 에너지가 많이 필요하지 않다. 그래서 먹이를 적게 먹어도 살 수 있다. 뱀은 한 번 먹이를 먹고 나서 몇 달을 아무것도 안 먹고 견딜 수 있다.[40] 먹이를 따라가서 잡기도 하지만 대부분 가만히 숨어서 기다렸다가 지나가는 것을 잡는다. 먹이를 먹으면 바위나 나무나 논둑에 올라가 따뜻한 햇볕을 쬐면서 소화를 시킨다.[41]

도마뱀 무리는 작은 벌레나 거미를 잡아먹는다. 자기 입보다 큰 먹이는 못 먹는다.

거북 무리는 먹이를 쫓아가 잡기도 하지만 몸을 숨기고 기다리다가 먹이가 가까이 오면 잡아먹는다.

뱀 무리는 개구리나 쥐를 많이 잡아먹는다. 긴 몸으로 먹이를 휘감아 잡거나 독니로 물어서 잡는다.[42] 입을 아주 크게 벌릴 수 있어서 자기 입보다 큰 새알도 삼킨다. 구렁이는 한 해에 쥐를 수백 마리나 잡아먹어서 사람한테도 이롭다. 능구렁이는 다른 뱀도 잡아먹는다. 도마뱀 무리는 거미나 딱정벌레 같은 작은 벌레를 많이 잡아먹는다.[43] 입으로 물어서 먹이를 잡는데 뱀과 달리 입을 크게 못 벌려서 자기 입보다 큰 먹이는 잘 못 먹는다. 거북 무리는 이것저것 안 가리고 다 먹는다. 물풀도 뜯어 먹고 물고기나 개구리도 잡아먹고 죽은 물고기도 먹는다.[44]

파충류는 새나 젖먹이동물에게 잡아먹힌다. 부엉이나 올빼미, 매, 독수리 같은 새와 너구리, 오소리, 멧돼지 같은 짐승이 잘 잡아먹는다. 멧돼지는 살집이 두꺼워서 독사가 물어도 끄떡하지 않고 잡아먹는다. 드문 일이지만 덩치 큰 황소개구리가 작은 뱀을 잡아먹기도 한다.

뱀 무리는 살아 있는 개구리나 쥐를 잘 잡아먹는다. 자기 입보다 큰 먹이도 먹는다.

몸 지키기

파충류는 천적이 많고 파충류끼리도 서로 먹고 먹힌다. 다양한 천적을 피하기 위해 저마다 몸을 지키는 방법이 다르다. 파충류는 대부분 자기가 사는 곳과 같은 몸빛을 띠어서 눈에 잘 띄지 않게 숨어 있다.[45]

위협

뱀 무리는 적이 나타나면 똬리를 틀고 꼬리를 타다닥 떨면서 천적에게 대든다. 똬리를 틀면 천적에게 재빠르게 대들 수 있다. 독이 없는 뱀은 이렇게 대들면서 천적이 잠시 주춤할 때 얼른 도망을 간다. 유혈목이는 고개를 쳐들고 코브라처럼 목을 옆으로 넓게 쫙 펴고 대든다.[46]

독

우리나라에 사는 살모사 무리와 유혈목이는 독니가 있다. 이런 뱀들은 위험에 빠지면 물려고 대든다. 독이 아주 세서 천적도 물리면 꼼짝을 못 한다. 한 번 물어도 안 도망가고 자꾸 물려고 대든다. 유혈목이는 독니 말고 목에서도 독물이 나온다. 독물이 눈에 들어가면 눈이 멀기도 한다.[47]

까치살모사 　　　　　　　　　　　　　　　　살모사

쇠살모사 　　　　　　　　　　　　　　　　유혈목이

꼬리 끊기

도마뱀 무리는 위험이 닥치면 꼬리를 끊고 도망을 간다. 잘려서 꿈틀꿈틀 대는 꼬리를 보고 천적이 놀라 주춤거릴 때 도망간다. 꼬리는 한 번 끊어지면 천천히 다시 나오지만 두 번째 끊어지면 다시 자라지 않는다.

도마뱀 무리는 모두 꼬리를 끊고 달아날 수 있다.

등껍질

거북 무리는 딱딱한 등껍질이 있다. 머리와 네 다리와 꼬리까지 등껍질 속으로 숨길 수 있다. 그러면 짐승이나 새도 못 잡아먹는다. 자라는 등껍질 속으로 몸을 숨겼다가도 갑자기 목을 쭉 내뻗어 물기도 한다. 한번 물면 놓지 않는다.

붉은귀거북은 등딱지와 배딱지가 모두 딱딱하다.
위험하면 껍데기 속으로 몸을 숨긴다.

겨울나기

파충류는 바깥 기온이 떨어지면 체온이 떨어지는 변온동물이다. 그래서 추워지기 전에 땅속이나 돌 틈이나 물속에 들어가 겨울잠을 잔다. 파충류도 양서류처럼 겨우내 꿈쩍 않고 잠만 잔다.

뱀이나 도마뱀은 나무 밑동이나 돌 틈, 가랑잎 더미 깊숙이 들어가서 겨울잠을 잔다. 겨울잠 잘 곳은 햇볕이 잘 들고, 땅속 온도가 1℃ 밑으로 안 내려가는 곳을 찾는다. 겨울잠을 자는 동안 뱀은 체온이 4~5℃쯤 되게 한다. 한번 겨울을 나기 좋은 곳을 찾으면 해마다 그곳으로 간다. 뱀은 여러 마리가 한데 모여서 겨울잠을 잔다. 살모사와 무자치가 떼를 지어 자고, 누룩뱀과 유혈목이와 능구렁이는 같은 굴에서 함께 겨울잠을 자기도 한다. 능구렁이가 가장 먼저 겨울잠을 자러 들어가고 유혈목이가 가장 늦게 들어간다. 거북 무리는 물속에 들어가서 진흙 바닥에 몸을 파묻고 겨울잠을 잔다. 물살이 빠르지 않고 후미진 곳을 찾는다. 바다거북 무리는 겨울잠을 자지 않는다.

뱀은 여러 마리가 함께 뒤엉켜
겨울잠을 잔다.

뱀에 물렸을 때

산에 갈 때는 독사에 안 물리게 조심해야 한다. 목이 긴 운동화나 장화를 신는 게 좋다. 작대기로 풀숲을 탁탁 치면서 소리를 내면 사람이 오는 줄 알고 뱀이 미리 피한다. 잘못해서 밟거나 건드리면 자기를 해치는 줄 알고 문다.

독뱀에게 물리면 큰일 난다. 빨리 치료를 안 하면 목숨을 잃을 수도 있으니 얼른 병원에 가서 치료를 받아야 한다. 독사에게 물렸다고 해서 섣불리 민간 요법으로 치료하면 안 된다. 많은 사람이 물린 곳을 칼로 째서 입으로 독을 빨아내면 된다고 알고 있지만, 독은 몸 안에 들어가면 순식간에 퍼지므로 별 소용이 없다. 오히려 칼로 째서 생기는 상처 때문에 더 큰 탈이 날 수도 있고, 자칫하면 독을 빨아낸 사람도 위험해질 수 있다.

1. 뱀에 물리면 가만히 누워서 안 움직이는 게 좋다. 놀라서 움직일수록 독이 몸 안에 더 빨리 퍼진다.

2. 팔이나 다리를 물렸으면 물린 데에서 5~10cm 위를 헝겊으로 묶는다. 너무 세게 묶으면 피가 안 통해 더 안 좋다. 15분마다 풀었다가 다시 매 줘야 한다.

3. 뱀에 물린 사람은 움직이지 말고, 다른 사람에게 업히거나 들것에 실려 병원에 가서 빨리 해독제 주사를 맞아야 한다.

남생이

2004년 10월 전북 변산

남생이는 강과 이어진 논이나 늪에서 산다. 낮에는 돌 밑에 있거나 진흙 속을 파고 들어가 있다가 아침과 해질녘에 나와서 먹이를 잡는다. 개구리, 작은 물고기, 우렁이, 물풀 따위를 먹고 죽은 물고기도 잘 먹어 치워 물속 청소부 노릇을 한다.[48] 땅 위에서는 엉금엉금 느리게 기어 다니지만 물속에 들어가면 빠르게 헤엄치며 먹이를 잡는다. 무더운 한여름에는 등딱지에 붙어 있는 기생충을 없애려고 바위 위에 올라가 햇볕을 쬐는데, 뒷다리를 쭉 뻗어 마치 기지개를 켜는 것처럼 보인다. 겁이 많아서 무엇에 놀라거나 위험을 느끼면 물속으로 바로 숨거나, 머리를 딱딱한 등딱지 속으로 집어넣고 다리와 꼬리를 등딱지 밑으로 숨긴다.

남생이는 초여름에 물가 모래톱에 구덩이를 파고 알을 낳는다. 갓 깨어난 새끼는 등딱지가 말랑말랑하다가 점점 딱딱해진다. 날씨가 추워지면 물속에서 진흙을 파고 들어가 겨울잠을 잔다. 남생이는 아무것도 안 먹고 여섯 달을 살 수 있을 만큼 생명력이 강하다. 요즘은 사람들이 강가 모래를 퍼 가면서 알 낳을 곳을 잃어 남생이 보기가 아주 힘들어졌다. 환경부에서 멸종위기종으로 정해서 보호한다.

다른 이름 민물거북
사는 곳 강, 논, 늪
먹이 개구리, 작은 물고기, 우렁이, 물풀
나오는 때 아침이나 해질녘
분포 우리나라, 중국 동남부, 일본, 대만
학명 *Chinemys reevesii*

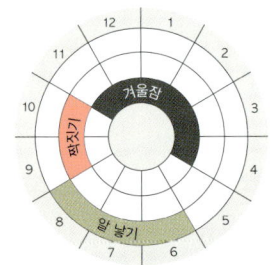

등딱지 길이는 15~25cm쯤 된다. 등딱지는
진한 밤색이다. 딱지 하나하나는 육각형이고
가장자리에 노란 띠가 있다. 머리 옆에서 목까지
노란 줄이 양쪽으로 나 있다. 주둥이 끝은
뭉툭하고 이빨이 없다. 앞발, 뒷발 발가락은 다섯
개이고 발톱과 물갈퀴가 있다. 뒷다리 물갈퀴는
발가락 끝까지 나 있다.

2004년 10월 전북 변산

남생이 한살이

남생이는 가을에 짝짓기를 하고 이듬해 여름에 땅에 올라와 구덩이를 파고 알을 5~15개쯤 낳는다. 알은 하얗고 달걀꼴이다. 뒷발로 흙을 파는데 뒷발을 뻗어 안 닿을 깊이까지 구덩이를 판다. 알을 다 낳으면 흙으로 덮고 다른 짐승 눈에 안 띄게 알 낳은 흔적을 없앤다. 새끼는 주둥이 앞에 있는 뾰족한 돌기로 알껍데기를 뚫고 나온다. 깨어난 새끼는 그해에 흙을 뚫고 나오기도 하고, 흙속에서 겨울을 나고 이듬해 봄에 나오기도 한다. 새끼는 허물을 벗으며 자라는데, 뱀과 달리 한꺼번에 안 벗고 등딱지가 한 장 한 장 떨어진다.

숨쉬기

남생이는 물에서 살지만 허파로 숨을 쉰다. 그래서 물속에 오래 있지 못하고 숨을 쉬러 물 위로 올라와야 한다. 코끝이 뾰족해서 몸은 물속에 있고 목만 쭉 빼내서 코만 내놓고 숨을 쉰다. 다른 동물은 가슴을 움직여 숨을 쉬는데, 남생이는 등딱지와 배딱지가 단단하게 붙어 있어서 가슴을 움직일 수 없다. 그래서 남생이는 목과 다리를 움직여 숨을 쉰다. 목과 다리를 밖으로 뻗으면서 숨을 들이쉬고 집어넣으면서 내쉰다. 겨울잠을 잘 때는 강바닥 진흙 속으로 들어간다. 이때는 오줌보로 숨을 쉬면서 물속에서 겨울을 난다.[49]

남생이 배딱지
남생이는 몸이 딱딱한 껍데기로 싸여 있다.
배딱지는 시커멓다. 남생이는 위험하다 싶으면
머리와 꼬리, 네 다리를 모두 껍데기 속으로
숨긴다. 이 껍데기를 뚫고 남생이를 잡아먹을
수 있는 짐승은 거의 없다. 남생이를 톡톡
걷어차기만 할 뿐 어쩔 도리가 없다.
남생이는 뒤집혀도 다시 일어설 수 있다.

2004년 10월 전북 변산

자라

자라는 등딱지가 살가죽으로 덮여 있어 보들보들하다. 목을 자기 몸길이만큼이나 길게 뺄 수도 있고 등딱지 속으로 쏙 집어넣어서 숨길 수도 있다.[50] 그렇지만 네 다리와 꼬리는 등딱지 속으로 못 감춘다. 움츠러든 자라를 건드리면 목을 재빨리 쭉 내뻗어 꽉 무는데 한번 물면 놓지를 않는다. '자라 보고 놀란 가슴 솥뚜껑 보고도 놀란다'는 속담이 있을 정도이다.

자라는 강이나 저수지에서 산다. 물속에 들어가 물 밖으로 잘 안 나온다. 코가 뾰족하게 길어서 물 밖으로 콧구멍만 내놓고 숨을 쉰다. 헤엄을 잘 치고 강바닥도 기어 다니며 물속에서 오랫동안 있을 수 있다. 낮에는 물속 모래나 진흙 속에 들어가 낮잠을 잔다. 자라는 다른 거북보다 몸이 더 납작해서 모래나 진흙 속으로 쉽게 파고든다. 햇볕이 좋을 때는 강기슭 모래나 바위에 올라가 목을 쭉 빼고 등을 말리며 쉬기도 한다. 겁이 많고 조심스러워서 작은 소리에도 재빨리 물속으로 숨어 버린다. 밤이 되면 헤엄쳐 다니면서 먹이를 잡아먹는다. 물고기, 새우, 게, 가재, 우렁이 같은 작은 동물을 잘 먹고 물풀 따위는 잘 안 먹는다.

날씨가 추워지면 강물 속 진흙이나 모래를 파고 들어가서 겨울잠을 잔다. 물 흐름이 느리고, 후미지고 조용한 강바닥 모래를 머리와 앞다리로 헤집고 납작하게 엎드려 머리를 파묻는다. 모래를 온몸에 뒤집어쓰고 코만 내놓고 겨울잠을 잔다.

다른 이름 민물거북, 자래, 자레이, 자리, 중국자라
사는 곳 강, 저수지
먹이 물고기, 새우, 게, 가재, 우렁이
나오는 때 밤
분포 우리나라, 중국, 일본, 러시아, 대만
학명 *Pelodiscus sinensis*

다 자라면 등딱지 길이는 30cm쯤 된다. 몸빛이 밤색이거나 풀색인데 사는 곳에 따라 다르다. 등딱지는 부드러운 살가죽으로 덮여 있다. 주둥이는 뾰족하고 끝에 긴 콧구멍이 있다. 목은 긴데 움츠러들어 등딱지 속에 쏙 넣을 수 있다. 다리는 짧고 발가락 사이에는 물갈퀴가 있고 발가락 끝에는 발톱이 있다. 꼬리는 아주 짧다.

2004년 8월 전북 고창

자라 알 낳기

자라는 여름밤에 강가 모래밭에 올라와 뒷발로 구덩이를 파고 알을 20~30개 낳는다. 모래가 없는 저수지에서는 진흙을 파고 낳는다. 자라가 알을 낳고 덮은 모래 위에는 자라 배 자국이 남는다. 알은 하얗고 메추리알보다 작다. 한 번에 다 못 낳으면 2~3일에 걸쳐 알을 낳기도 한다. 50일쯤 지나면 알에서 새끼가 깨어 나온다. 새끼는 깨어나자마자 물가로 기어간다. 자라는 우리나라 모든 강과 냇가, 저수지에 살았다.[51] 그렇지만 지금은 사람들이 강가 모래를 퍼 가면서 알 낳을 곳이 사라져 그 수가 많이 줄었다.

자라 알과 새끼는 동전보다 작다.
새끼 자라는 깨어난 지 하루밖에 안 됐다.
2004년 8월 전북 고창

자라 알   새끼 자라

✽ 자라 알까기

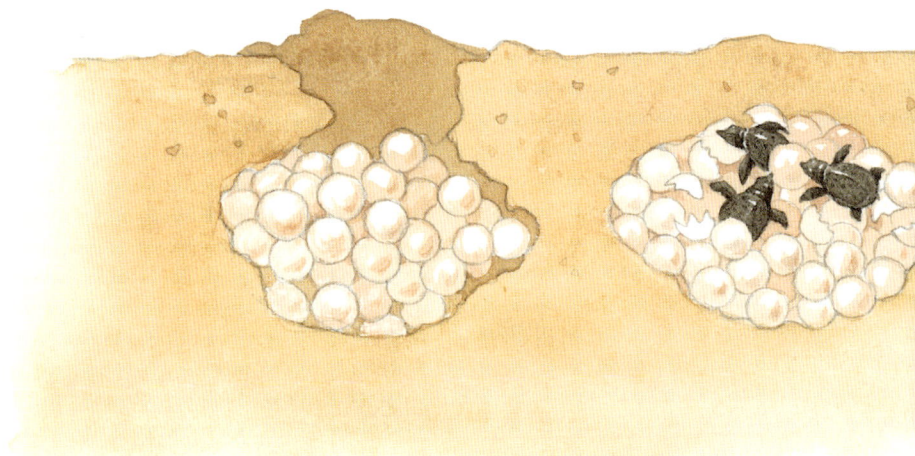

몸을 뒤집는 자라
거북 무리는 몸이 뒤집히면 못 일어난다고
알고 있지만 그렇지 않다. 자라는 몸이
뒤집혀도 혼자 힘으로 일어날 수 있다.
버둥거리면서 일어나는 것이 아니라
뒤집히자마자 긴 목을 쭉 빼서 땅에 대고
힘을 주면서 곧바로 뒤집는다. 남생이와
붉은귀거북도 몸을 뒤집을 수 있다.
바다거북은 워낙 몸집이 크고 무거워서
못 뒤집는다.

2004년 8월 전북 고창

붉은귀거북

붉은귀거북

붉은귀거북은 눈 뒤에 붉은 무늬가 또렷하게 있다. 어릴 때는 등딱지가 연한 풀색이어서 '청거북'이라고도 한다. 다른 나라에서 들여와 기르던 것이 퍼져서 지금은 강이나 개울, 공원 연못에 아주 많이 산다. 속이 들여다보이지 않을 만큼 더러운 물에서도 잘 산다. 물에서 거의 안 나와서 햇볕을 쬐려고 물가로 올라오거나 숨을 쉬려고 물 위로 올라올 때나 볼 수 있다. 아주 작은 소리에도 놀라 물속으로 텀벙 뛰어들어 숨는다.

붉은귀거북은 먹성이 아주 좋아서 물속에 사는 물고기나 벌레, 물풀을 닥치는 대로 먹어 치운다. 제 몸보다 큰 물고기도 헤엄쳐 쫓아가서 억센 턱으로 물어뜯는다. 위험을 느끼면 딱딱한 등딱지 속에 머리와 네 다리, 꼬리까지 숨긴다. 그러면 새나 너구리 같은 동물도 어찌지 못한다.

붉은귀거북은 4~7월이 되면 밤에 알을 낳으러 땅 위로 올라온다. 모래나 흙을 파고 알을 2~22개쯤 낳는다. 한 번에 다 안 낳고 1~5번에 걸쳐 낳는다. 두 달쯤 지나면 새끼가 깨어 나온다.

다른 이름 청거북
사는 곳 강, 개울, 연못
먹이 물고기, 개구리, 조개, 벌레, 물풀
나오는 때 낮
수명 20년쯤
분포 온 세계
학명 *Trachemys scripta elegans*

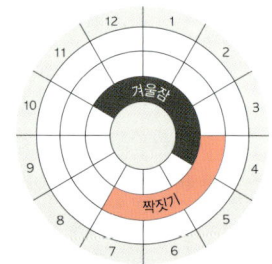

등딱지 길이는 보통 12~20cm인데 28cm까지 크는 것도 있다. 등딱지는 풀색이고 배 껍질은 누렇고 검은 반점이 있다. 머리에는 붉은 무늬가 나 있다. 이빨은 없지만 입이 날카롭고 딱딱하다. 네 다리에는 발톱이 있고 발가락 사이에 물갈퀴가 있다.

2004년 10월 서울 상암 월드컵 공원

우리나라에 퍼지게 된 까닭

붉은귀거북은 미국 미시시피 강에서 살다가 지금은 널리 퍼져서 온 세계에 산다. 우리나라에는 1970년대에 애완동물로 기르거나 종교 행사에 쓰려고 들여왔다. 그런데 집에서 기르던 붉은귀거북이 고약한 냄새를 풍기니까 그냥 물에 내다 버리고, 종교 행사에서 붉은귀거북을 산 채로 강에 풀어 주면서 널리 퍼졌다. 우리나라에서는 붉은귀거북을 잡아먹을 천적이 없어서 그 수가 빠르게 늘어났다. 어디서나 잘 살고 성질도 사나워서 먹이를 놓고 경쟁을 벌이던 남생이와 자라를 밀어내고 민물거북 가운데 가장 많아졌다. 우리나라 물속에 사는 동물을 하도 많이 잡아먹어서 지금은 붉은귀거북을 '생태계위해외래종'으로 정해서 우리나라로 못 들어오게 막고 있다. 다른 나라에서 동식물을 들여올 때는 우리나라 생태계에 어떤 영향을 주는지 꼼꼼히 따져 봐야 한다. 생태계위해외래종에는 붉은귀거북뿐만 아니라 황소개구리, 블루길, 베스 같은 동물과 돼지풀, 서양등골나물 같은 식물도 있다.

새끼 붉은귀거북
새끼 붉은귀거북은 등딱지가 풀빛이라 '청거북'이라고 한다. 알에서 깨어나 한 해가 되면 몸무게가 30g밖에 안 나가지만 다 크면 1.4kg쯤 되고, 몸집도 스무 배 이상 커진다. 18~28℃에서 활발히 움직이고 20년쯤 산다. 사육실에서는 37년까지 산 기록이 있다.

붉은귀거북 배딱지
붉은귀거북은 배딱지가 노랗고 검은 무늬가 있다. 남생이처럼 네 다리와 꼬리를 딱지 속으로 감출 수 있다.

붉은바다거북

다 자라면 등껍질이 69~103cm까지 자란다. 머리가 크고 등껍질이 붉고 배 껍질은 노랗다. 주둥이는 짧고 뭉툭하다. 네 다리는 노처럼 길쭉하다. 꼬리가 있다.
2005년 12월 서울 코엑스

다른 이름 왕바다거북
북녘 이름 붉은거북
사는 곳 바다
먹이 해파리, 오징어, 미역 따위 바닷말
몸무게 120kg쯤
수명 30년 넘게 산다.[52]
분포 태평양, 대서양, 인도양, 지중해
학명 *Caretta caretta*

붉은바다거북은 온몸이 붉어서 이런 이름이 붙었다. 아주 오래전에는 땅에서 살았는데 바다에 들어가 살게 되면서부터 알을 낳을 때가 아니면 땅으로 올라오지 않는다. 물속에서도 숨을 꽤 오래 참고 헤엄칠 수 있다. 허파로 숨을 쉬기 때문에 바다 위로 올라와 숨을 쉬지만 때때로 바닷속 수백 미터까지 자맥질해 들어가기도 한다.[53] 뭍에 사는 거북과 달리 앞발과 뒷발이 모두 배를 젓는 노처럼 생겼다.[54] 넓적한 앞발을 휘저으며 헤엄을 치고 뒷발은 방향타 구실을 한다. 바다에서 해파리나 오징어, 물고기를 잡아먹고 미역 같은 바닷말도 뜯어 먹고 산다. 바닷속에서 어떻게 살아가는지 아직까지 정확하게 알려지지 않았다. 온 세계에 그 수가 많지 않아 국제멸종위기동물로 정해져서 함부로 잡을 수 없다. 우리나라에서는 1999년 10월 제주도 모슬포 바닷가 모래밭에서 새끼가 모래를 뚫고 나오는 것이 확인되었다.

붉은바다거북 알 낳기

붉은바다거북은 5~8월에 알을 낳는다. 한번 알을 낳은 모래밭으로 해마다 수백 킬로미터를 헤엄쳐 다시 찾아온다. 물속에서는 헤엄을 아주 잘 치지만 땅 위로 올라오면 아주 느리고 힘겹게 긴다. 바닷가 모래밭에 엉금엉금 기어 올라와서 구덩이를 파고 알을 낳고는 곧바로 다시 바다로 돌아간다. 한 번에 알을 100~120개쯤 낳는다. 새끼는 두 달쯤 지나면 한꺼번에 깨어나 모래를 뚫고 나와 곧장 바

| 바다거북 |

2006년 7월 11일 경기 고양 쥬쥬 동물원

다로 간다.[55] 새끼 거북은 바다까지 가는 동안 게나 갈매기나 너구리 같은 동물에게 많이 잡아먹힌다. 100여 마리 새끼 가운데 바닷물까지 가는 것은 몇 마리 안 된다. 지금은 멸종 위기에 놓인 바다거북 숫자를 늘리려고 사람들이 알을 부화시켜 바다에 놓아주기도 한다.

바다거북은 몸에서 푸른빛이 난다고 '푸른바다거북'이라고도 한다. 등딱지가 잿빛 밤색이거나 진한 밤색인데 푸른빛이 돈다. 나이가 들수록 등딱지에 밤색 무늬가 바퀴살처럼 생긴다. 등딱지 길이가 1m쯤 되고 몸무게가 150kg쯤 된다. 붉은바다거북처럼 바다에서 사는데 햇볕을 쬐려고 뭍으로도 올라온다고 한다. 바닷속에서 물고기, 조개, 해파리, 오징어나 미역 같은 바닷말 따위를 먹고 산다. 어떻게 사는지는 아직 잘 알려지지 않았다. 바다거북은 태평양과 인도양의 열대와 아열대 바다에서 널리 사는데, 우리나라에서는 동해안과 남해안에서 어부들이 쳐 놓은 그물에 걸려 자주 잡힌다. 우리나라 뱃사람들은 바다거북을 잡으면 제사를 지내고 무병장수를 빌고는 다시 바다로 돌려보낸다. 바다거북은 고기와 알을 먹으려고 사람들이 함부로 잡기도 했다. 지금은 그 수가 아주 적어져서 붉은바다거북과 함께 국제멸종위기종이다.[56]

다른 이름 푸른바다거북
북녘 이름 푸른거북
학명 *Chelonia mydas japonica*

도마뱀

2005년 10월 제주 물찻오름

도마뱀은 꼬리를 끊고 달아날 수 있다. 도마뱀이나 장지뱀 무리는 모두 꼬리를 끊고 달아난다. 몸이 아주 미끈하다고 북녘에서는 '미끈도마뱀'이라고 한다. 북녘에서는 도마뱀이나 장지뱀 무리에 모두 도마뱀이라는 이름을 붙인다. 우리는 흔히 도마뱀과 장지뱀 무리를 모두 도마뱀이라고 한다.

도마뱀은 축축한 바위 밑이나 돌 밑에서 산다. 낮에는 햇볕을 쬐러 가끔 나오기도 하지만 대부분 숨어 있다. 밤에 나와 돌아다니면서 먹이를 잡아먹는다. 네 다리가 가늘고 짧아도 아주 재빠르게 움직인다. 입을 크게 못 벌려서 자기 입보다 큰 먹이는 못 먹는다. 뱀처럼 긴 혀로 냄새를 맡아 먹이가 어디에 있는지, 짝이 어디에 있는지, 천적이 있는지 없는지 따위를 알아낸다.

요즘에서야 우리나라에는 도마뱀이 두 종류 산다고 알려졌다. 도마뱀과 북도마뱀이다. 북도마뱀은 1982년에 신종으로 인정을 받았다. 생김새는 서로 꼭 닮아서 눈으로는 구별이 잘 안 된다. 북도마뱀은 등과 몸통 옆 무늬가 뚜렷하게 나뉘는데, 도마뱀은 뚜렷하지 않고 조금 들쭉날쭉하다. 도마뱀은 알을 낳지만 북도마뱀은 새끼를 낳는다고 알려졌다. 도마뱀은 우리나라 어느 곳에서나 사는 것이 확인되었지만, 북도마뱀은 아직까지 남쪽에서 강원도 발왕산과 오대산, 계방산에서만 발견되었다.

다른 이름 도롱이, 독다구리, 돔뱀, 도우뱀, 동아뱀
북녘 이름 미끈도마뱀
사는 곳 산, 묵정밭
먹이 거미, 지렁이, 노래기, 벌레
나오는 때 밤
분포 우리나라, 일본 쓰시마섬
학명 *Scincella vandenburghi*

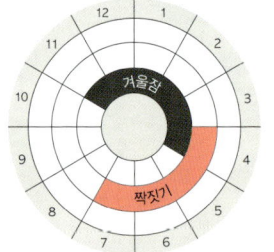

다 자라면 10~15cm쯤 된다. 몸은 누런
밤색이고 미끈하다. 몸통 옆으로 검은 밤색 띠가
있다. 눈에 눈꺼풀이 있어서 깜박일 수 있다.
입에는 자잘한 이빨이 있다. 귓구멍이 바깥에서도
보인다. 네 다리는 짧고 가늘다. 앞발가락,
뒷발가락이 다섯 개씩 있다.

2005년 10월 제주 물찻오름

도마뱀붙이

2004년 8월 부산 동대신동

도마뱀붙이는 사람이 사는 집에 들어와 산다. 낮에는 지붕 속이나 마당에 있는 돌 틈처럼 어두운 곳에서 쉬다가 밤이 되면 나온다. 어두울 때는 눈이 동그랗다가 밝을 때는 고양이 눈처럼 오므라든다.

도마뱀붙이는 벽을 아주 잘 탄다. 담벼락에 붙어 다니면서 불빛에 모여드는 나방이나 모기 같은 날벌레를 잡아먹는다. 먹이를 먹고 나면 혓바닥으로 눈을 닦기도 한다. 도마뱀붙이도 도마뱀처럼 꼬리를 끊고 달아난다.

도마뱀붙이는 낙지나 문어처럼 빨판이 있거나 청개구리처럼 끈적끈적한 물이 나오는 것도 아니어서 어떻게 벽에 붙는지 사람들이 아주 궁금해 했다. 도마뱀붙이가 벽에 붙어 거꾸로 매달려도 끄떡없는 까닭은 발바닥 털 때문이라고 밝혀졌다. 눈에는 안 보이지만 발바닥 털 한 올 한 올은 끝이 수백 개의 넝쿨손으로 갈라져 있다. 이 넝쿨손이 천장이나 유리창에 착 들러붙어서 도마뱀붙이는 벽이나 천장에 발가락 하나로도 매달릴 수 있다. 털 하나가 개미 한 마리를 들어 올릴 정도여서 올이 백만 개쯤 모이면 작은 어린아이가 천장에 매달릴 수 있다고 한다.

도마뱀붙이는 아직까지 부산에서만 발견되었다. 우리나라에서는 1950년대에 잡았다는 기록만 있다가 요즘 들어 사는 것이 확인되었다. 아마도 우리나라에서 계속 살던 것이 아니라 일본에서 배를 타고 건너온 것이 아닐까 짐작한다.

다른 이름 도마뱀부치
북녘 이름 집도마뱀
사는 곳 집
먹이 거미, 나방, 모기
나오는 때 밤
분포 우리나라, 일본, 필리핀, 대만, 중국 동부
학명 *Gekko japonicus*

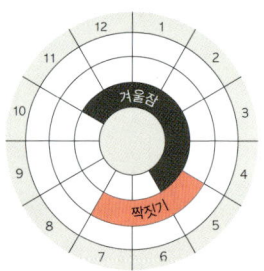

몸길이는 8~10cm쯤 된다. 몸빛은 회색이고
검은 점무늬가 군데군데 나 있다. 몸에는 비늘이
없고 잔 알갱이들로 덮여 있다. 꼬리는 몸길이와
거의 같거나 짧다. 꼬리에는 검은 가로띠가 있다.
눈을 깜박이지는 못한다.
2004년 8월 부산 동대신동

도마뱀붙이는 미끄러운 유리창에 붙어도
안 떨어지고 잘 기어 다닌다.
2005년 8월 부산 동대신동

아무르장지뱀

2004년 8월 강원 평창

아무르장지뱀

아무르장지뱀은 몸보다 꼬리가 훨씬 길고 도마뱀과 달리 살갗이 거칠거칠하다. 북녘에서는 꼬리가 길다고 '긴꼬리도마뱀'이라고 한다. 위험할 때는 꼬리를 스스로 끊고 달아난다. 1881년 피터스라는 사람이 중국 아무르 지방에서 처음으로 잡아서 신종으로 발표하였다.

아무르장지뱀은 풀이 제멋대로 자란 길섶이나 가랑잎이 수북이 쌓인 산기슭, 햇볕이 잘 드는 묵정밭에 많다. 돌 위나 가랑잎 위에서 꼼짝 않고 햇볕을 쬐는 모습을 볼 수 있다. 햇볕을 쬘 때는 몸빛이 더 거무스름해진다. 그러다 작은 기척에도 놀라 재빨리 숨는다. 낮에 나와 여기저기 돌아다니면서 거미나 달팽이, 개미를 잡아먹는다. 때로는 덤불이나 나뭇가지 위에 올라가서 벌레를 잡아먹기도 한다. 날씨가 추워지면 돌 틈에 들어가거나 가랑잎을 켜켜이 덮고 겨울잠을 잔다.

아무르장지뱀은 6~7월쯤에 알을 서너 개 낳는다. 알은 달걀꼴이고 아주 작고 하얗다. 짝짓기를 하고 나면 암컷은 햇볕이 잘 드는 가랑잎 밑이나 바위 밑 흙속에 알을 낳는다. 알 낳는 곳은 눅눅하지만 젖어서는 안 되고, 따뜻하지만 더워서도 안 된다. 알을 낳고 나면 무엇으로든 알을 덮은 뒤에 떠난다. 한 달쯤 지나면 새끼가 깨어난다.

다른 이름 장작뱀, 장재미, 잰즐뱀
북녘 이름 긴꼬리도마뱀
사는 곳 산기슭, 묵정밭, 풀숲
먹이 거미, 개미, 지렁이, 달팽이
나오는 때 낮
분포 우리나라, 일본, 중국, 러시아
학명 *Takydromus amurensis*

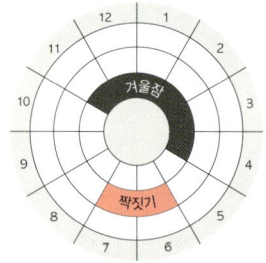

다 자라면 17~19cm쯤 된다. 몸통은 7~9cm, 꼬리는 10cm쯤 된다. 몸은 밤색인데 몸통 옆에 진한 밤색이나 검은 띠가 있다. 눈꺼풀이 있고, 혀는 길고 끝이 두 갈래로 갈라졌다. 네 다리에는 기다란 발가락이 다섯 개씩 있다. 넓적다리에 작은 혹이 세 쌍 있는데, 이것을 보고 다른 장지뱀과 구별한다.

2004년 10월 강원 양양

아무르장지뱀이 가랑잎 사이로 햇볕을 쬐러 나왔다. 몸빛이 가랑잎 색깔과 비슷해서 잘 안 보인다. 인기척을 느끼면 재빨리 숨는다.

2004년 10월 강원 양양

서혜인공

장지뱀 무리는 모두 뒷다리 사타구니에 작은 혹이 나 있다. 이 혹을 '서혜인공' 이라고 한다. 짝짓기 때가 되면 서혜인공에서 페로몬이라는 냄새를 풍겨서 짝을 찾는다. 짝짓기 때가 되면 서혜인공은 노랗게 더 커진다. 장지뱀 무리는 서혜인공 수가 저마다 달라서 이걸 보고 장지뱀 무리를 서로 구분한다. 아무르장지뱀은 3~4쌍이고, 줄장지뱀은 한 쌍, 표범장지뱀은 11쌍이다. 도마뱀이나 도마뱀붙이는 서혜인공이 없다.

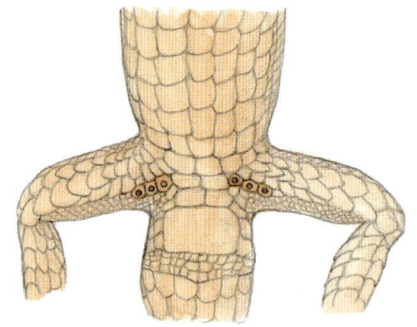

아무르장지뱀 서혜인공

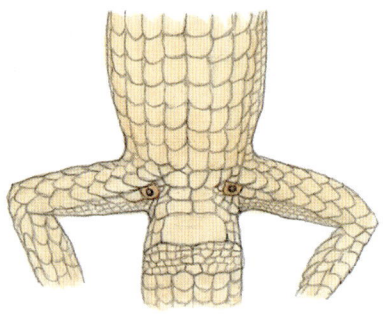

줄장지뱀 서혜인공

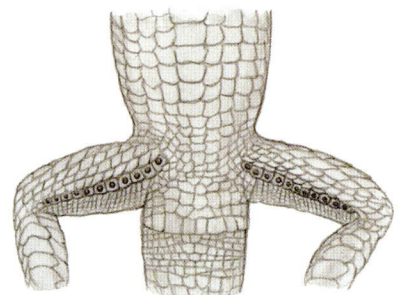

표범장지뱀 서혜인공

꼬리 끊기

아무르장지뱀은 뱀이나 새 같은 천적을 만나서 위험하다 싶으면 스스로 자기 꼬리를 끊는다. 끊긴 꼬리는 동그랗게 말리면서 한동안 꿈틀꿈틀 댄다. 천적이 꿈틀대는 꼬리를 보고 어리둥절할 때를 틈타서 달아난다. 한 번 꼬리가 끊어지면 다시 나오지만 두 번째 끊어지면 다시는 안 나온다. 새로 나온 꼬리는 천천히 자라고 색깔도 다르고 길이도 짧아지지만, 몸 균형을 잡거나 영양분을 모아 두는 꼬리의 본디 기능을 다한다. 아무르장지뱀뿐만 아니라 도마뱀과 장지뱀 무리 모두 꼬리를 끊는다.

꼬리가 잘리기 전 모습

잘린 꼬리
동그랗게 말리면서 꿈틀댄다.

새로 나온 꼬리
색깔도 다르고 길이도 짧아졌다.

꼬리가 끊어졌던 곳이다.

줄장지뱀

줄장지뱀

줄장지뱀은 아무르장지뱀과 많이 닮았는데 배 옆으로 허연 줄이 나 있다. 그래서 북녘에서는 '흰줄도마뱀'이라고 한다. 아무르장지뱀보다 산 아래 더 낮은 곳에 많이 산다. 길가 풀숲이나 너른 풀밭에 살면서 거미나 메뚜기, 귀뚜라미, 쥐며느리를 잘 잡아먹는다. 이른 아침에는 산 중턱에 있다가 낮에는 들판에 있는 풀숲까지 내려와 먹이를 잡아먹기도 한다. 나무를 잘 타서 나뭇가지에 올라가 벌레를 잘 잡아먹는다. 햇볕을 쬐려고 길가에도 나온다.

줄장지뱀은 6~8월에 알을 낳는다. 알에서 깨어난 새끼들은 크기만 작지 어미와 똑같이 생겼다. 새끼는 허물을 벗으면서 자란다. 허물을 벗을 때는 주둥이 끝을 돌이나 흙에 비비는데, 뱀처럼 한 번에 안 벗겨지고 나달나달 떨어진다. 새끼들은 끊임없이 돌아다니면서 먹이를 잡아먹는데, 비 오는 날에도 나와 돌아다니기도 한다. 새끼들은 겨울잠을 자기 전에 거의 다 큰다. 날이 추워지면 스스로 구멍은 못 파고, 돌 틈이나 땅강아지 굴에 들어가 혼자서 겨울잠을 잔다. 꼬리를 말아서 몸 아래에 깔고 주둥이를 입구 쪽으로 내밀고 잔다.[57]

다른 이름 장칼래비
북녘 이름 흰줄도마뱀
사는 곳 산기슭, 풀숲
먹이 애벌레, 귀뚜라미, 메뚜기, 달팽이, 거미
나오는 때 낮
분포 우리나라, 중국 북부, 일본 쓰시마섬, 러시아 연해주
학명 *Takydromus wolteri*

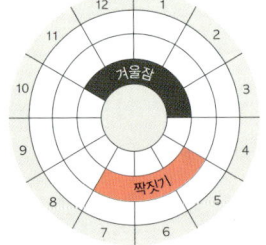

다 자라면 15~20cm쯤 된다. 몸길이는 4cm쯤이고 꼬리 길이는 몸길이의 2.5배쯤 된다. 몸빛은 누런 밤색이고 배 옆으로 허옇거나 누런 줄이 나 있다. 눈꺼풀이 있다. 넓적다리 안쪽에는 작은 혹이 한 쌍 있다. 발가락은 길고 날카로운 발톱이 있다.

2004년 10월 전북 변산

줄장지뱀 짝짓기

　줄장지뱀은 5월부터 짝짓기를 한다. 수컷은 입을 벌리면서 목을 부풀리거나 꼬리를 흔들면서 암컷에게 구애를 한다. 암컷이 반응을 보이면 서로 꼬리를 비틀어 배를 맞붙이고 짝짓기를 한다. 암컷이 못 도망가게 수컷이 허리를 꽉 물기도 한다. 때때로 암컷이 수컷을 업고 기어 다니거나 꼬리만 비틀고 서로 떨어져 있기도 한다. 알은 천적 눈에 안 띄고 햇볕이 바로 안 내리쬐고 비가 안 들이치는 곳에 낳는다. 아무르장지뱀은 바위 밑에 많이 낳지만, 줄장지뱀은 풀밭에 많이 살아서 풀포기 밑동이나 가랑잎 속에 많이 낳는다. 암컷은 뒷발을 뒷짐 지듯이 자세를 잡고 알을 낳는다. 알은 한곳에다 모두 낳는데, 알을 한 개 낳는데 20~30분이 걸린다. 갓 낳은 알은 물기가 채 마르지 않아 무른데 물기가 마르면서 팽팽해지고 딱딱해진다. 알 색깔은 처음에 하얗다가 점점 누르스름해 진다. 암컷은 알을 낳고 며칠 동안 알 낳은 곳 둘레에 있다가 떠난다.

줄장지뱀이 거미를 한 마리 잡았다.
입을 크게 못 벌려서 자기 입보다 작은
먹이만 먹을 수 있다.
먹이를 잡으면 몇 번 씹어서 먹는다.
2005년 10월 제주 남제주군 대정읍

줄장지뱀이 돌 위에서 배를 맞대고 짝짓기를 하고 있다. 수컷이 암컷 허리를 꽉 물고 있다.

2005년 8월 제주 남제주군 대정읍

2004년 5월 충남 태안

표범장지뱀

표범장지뱀은 온몸에 노란 점무늬가 표범처럼 나 있어서 이런 이름이 붙었다. 다른 장지뱀과 달리 몸이 작은 알갱이로 된 비늘로 덮여 있어서 부드러워 보인다.

표범장지뱀은 산에 사는 다른 장지뱀과 달리 바닷가나 강가 모래밭에 산다. 모래 위에 있으면 모래 색깔과 비슷해서 잘 안 보인다. 모래밭을 후다닥후다닥 뛰어다니다가 모래 속으로 잘 숨는다. 온몸을 꿈틀꿈틀 휘어 가며 재빨리 앞발을 번갈아 모래를 파헤치면서 숨는다. 모래 속에 몸을 파묻고 머리만 내밀고 있다가 작은 벌레가 앞을 지나갈 때 덮쳐서 잡아먹는다. 모래 위에 나와서 햇볕 쬐는 것을 좋아하는데, 다른 장지뱀보다 추위를 잘 타서 일찍 겨울잠을 잔다.

표범장지뱀은 멸종위기종이어서 아주 보기 드물다. 서해안을 따라 몇 군데 바닷가 모래밭에서 산다. 사람들이 바닷가 모래를 퍼 가거나 바닷가에 집을 지으면서 점점 살 곳을 잃어 가고 있다.

북녘 이름 표문장지뱀
사는 곳 바닷가나 강가 모래밭
먹이 거미, 작은 풀벌레, 애벌레
나오는 때 낮
분포 우리나라, 중국, 몽골, 러시아 연해주
학명 *Eremias argus*

다 자라면 몸길이가 15~20cm쯤 된다. 몸에 까맣고 노란 둥근 무늬가 나 있다. 비늘은 작은 알갱이 모양이다. 눈꺼풀이 있고 다른 장지뱀보다 꼬리가 짧다. 발톱은 날카롭고 길다. 넓적다리에 작은 혹이 11쌍 있다.

2004년 5월 충남 서산

구렁이

구렁이는 우리나라 뱀 가운데 가장 크다. 집 가까이에 살면서 지붕이나 돌담, 밭둑에서 집쥐나 참새를 잡아먹는다.[58] 예전에는 쥐를 쫓아서 방구들 밑까지 들어오기도 하였다. 비가 오고 나면 돌담이나 지붕 위에 올라가 해바라기를 하기도 한다. 옛날 사람들은 곡식을 갉아 먹는 쥐를 잡아먹는다고 '복구렁이'라고 부르며 집 안에 들어온 구렁이는 잘 안 잡았다. 독니가 없고 사람에게는 해코지를 안 한다.

구렁이는 오뉴월에 짝짓기를 하고 알을 12~25개쯤 낳는다. 새끼는 온도에 따라 성별이 바뀌는데, 온도가 25℃ 아래면 암컷이 많이 나오고, 30℃가 넘으면 수컷이 많이 깨어난다. 갓 깨어난 새끼도 커서 몸길이가 30~40cm쯤 된다. 날씨가 추워지면 집쥐 굴이나 돌담, 버려진 집, 두엄 더미, 숯 가마터 속에 들어가서 겨울잠을 잔다.

지금은 초가집이 헐리고 돌담이나 두엄더미가 사라지면서 구렁이가 살 곳이 점점 없어지고, 사람들이 함부로 잡아서 통 볼 수 없다. 요즘에는 섬에서나 드물게 볼 수 있다. 환경부에서는 구렁이를 멸종위기종으로 정해 함부로 못 잡게 하고 있다.

다른 이름 진대, 흑질백질, 흑지리, 구레, 구링이, 구마기
북녘 이름 구렝이
사는 곳 집 지붕, 돌담, 밭둑
먹이 집쥐, 등줄쥐, 두더지, 참새, 새알, 개구리
나오는 때 낮
분포 우리나라, 중국, 러시아
학명 *Elaphe schrenckii*

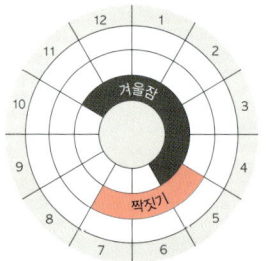

몸길이는 1m쯤인데 큰 것은 2m가 넘기도 한다.[59] 사는 곳에 따라서 몸빛이 많이 다르다. 보통 등쪽은 누르스름한 밤색에 검은 가로무늬가 있다. 꼬리 쪽으로 갈수록 무늬가 진하다.

2003년 7월 경기 용문

구렁이 먹이 잡기

사람은 코로 냄새를 맡지만 뱀은 혀로 냄새를 맡는다.[60] 뱀이 혀를 쉴 새 없이 날름거리는 것은 냄새를 맡기 위해서 그렇다. 구렁이는 깜깜한 밤에도 냄새를 쫓아가 쥐를 잡을 수 있다. 쥐가 코끝에 닿을 만큼 가까워지면 입으로 물고 재빨리 긴 몸통으로 칭칭 휘감는다. 쥐가 몸부림치면 숨을 못 쉬게 더욱 세게 조른다. 숨이 끊어지면 몸을 풀고 머리부터 천천히 한입에 삼킨다.

구렁이는 집쥐를 많이 잡아먹고 등줄쥐나 두더지를 먹기도 한다. 봄에는 참새 새끼나 새알도 먹고 여름에는 개구리도 잡아먹는다. 구렁이 한 마리가 한 해에 쥐를 100마리도 넘게 잡아먹는다.

황구렁이와 먹구렁이

몸이 까만 구렁이는 먹구렁이, 누런 것은 황구렁이라고 한다. 먹구렁이는 흑지리라고도 한다. 먹구렁이는 마을 가까이에 잘 안 내려오고 산에 산다. 황구렁이는 마을이나 집 안으로 들어오기도 한다.

먹구렁이
2003년 7월 강원 평창 오대산

누룩뱀

2004년 10월 강원 정선 광대 계곡

누룩뱀은 몸빛이 누런 밤색이다. 술을 담글 때 쓰는 누룩과 색깔이 비슷하다고 '누룩뱀'이라고 한다. 흔한 뱀인데 무더운 한여름에는 보기 어렵고 날씨가 선선한 봄가을에 많이 나온다. 구렁이가 안 사는 제주도에서는 누룩뱀을 보고 산구렁이라고 한다. 제주도에 사는 누룩뱀은 구렁이만큼 크다.

누룩뱀은 강가나 밭둑처럼 돌덩이가 많은 곳이나 풀밭에도 살고 높은 산에도 산다. 먹이만 있으면 어디에서든지 잘 산다. 산개구리나 청개구리나 참개구리 같은 개구리를 많이 잡아먹는다. 덩치가 큰 누룩뱀은 쥐나 두더지도 먹고 장지뱀도 잡아먹는다. 독니가 없어서 구렁이처럼 입으로 먹이를 물고 몸을 칭칭 감아서 잡아먹는다. 작은 먹이는 한입에 삼킨다. 새가 둥지를 틀면 나무를 타고 올라가 새알이나 어린 새끼를 잘 잡아먹는다. 그래서 새알도둑이라는 별명이 있다.

누룩뱀은 4~6월에 짝짓기를 하고 알을 낳는다. 다른 뱀은 알을 낳으면 곧 그 자리를 떠나지만, 누룩뱀은 알이 다 깨어날 때까지 안 떠나고 지킨다. 겨울이 되면 따뜻한 햇볕이 드는 바위 밑이나 돌무더기 속에 들어가 겨울잠을 잔다. 가끔 두더지 굴에 들어가 자기도 한다.

다른 이름 밀구렁이, 밀뱀, 산구렁이, 시루레기, 누루레기
사는 곳 산기슭, 밭둑
먹이 개구리, 장지뱀, 쥐, 새와 새알
나오는 때 낮
분포 우리나라, 일본, 중국, 러시아.
학명 *Elaphe dione*

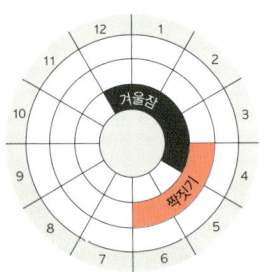

몸길이는 90~100cm쯤 된다. 몸은 누르스름한 밤색이고, 검은 밤색 줄무늬와 붉은 점무늬가 있다. 배는 누렇고 검은 점무늬가 있다. 사는 곳에 따라 크기와 무늬가 많이 다르다.

2004년 8월 강원 횡성

누룩뱀 짝짓기

누룩뱀은 5월에 가장 많이 볼 수 있다. 4~6월에 짝짓기를 하고 두 달쯤 지난 7월 중순에서 8월에 알을 낳는다. 알은 긴 달걀꼴이고 길이는 3~4cm쯤 된다. 한 번에 알을 12~16개쯤 낳는데, 알은 껍데기가 끈적끈적해서 서로 붙어 있다. 누룩뱀은 알이 다 깨어날 때까지 서리고 있다. 자기 알을 돌보는 파충류는 아주 드물다. 우리나라 뱀 가운데에는 누룩뱀과 구렁이가 자기가 낳은 알을 돌본다. 8월 말에서 9월 초가 되면 새끼가 깨어난다. 새끼는 크기만 작지 어미와 생김새가 똑같다. 새끼가 깨어나면 어미는 그제야 곁을 떠난다.

알을 서리는 누룩뱀
우리나라 뱀 가운데 알을 지키는 뱀은
누룩뱀과 구렁이뿐이다.
다른 뱀은 알이나 새끼를 낳고는 바로 자리를
떠나는데 누룩뱀과 구렁이는 알이 다 깨어날
때까지 품고 있다.

✱ 새알을 삼키는 누룩뱀

누룩뱀이 새알을 먹으러 다가가고 있다.

누룩뱀은 자기 입보다 큰 알도 통째로 삼킨다. 그러면 알 크기만큼 몸이 불룩해진다.

알을 삼키면 척추에 난 뾰족한 돌기로 깨뜨려 먹는다. 알껍데기는 하루쯤 지나면 입으로 뱉어 낸다.

2004년 6월 충남 태안

무자치

무자치는 논에 살면서 물에 잘 들어가고 헤엄을 빠르게 잘 쳐서 흔히 '물뱀'이라고 한다. 떼로 모여 짝짓기를 하고 겨울잠도 잔다고 '떼뱀'이라고도 한다. 독이 없어서 물려도 큰 해는 없다. 예전에는 논둑을 걷다 보면 열 발자국마다 한 마리를 본다고 할 만큼 가장 흔한 뱀이었다. 논둑 틈이나 물풀 사이로 머리를 내밀고 있다가 개구리를 보면 쏜살같이 달려들어 입으로 물고 몸으로 감아 잡아먹는다. 참개구리나 청개구리를 가장 많이 먹고 줄장지뱀이나 물고기나 벌레도 먹는다. 먹이를 먹은 뒤에는 논둑이나 갈대숲에 똬리를 틀고 앉아 해바라기를 한다. 무더운 한여름에는 물속에 몸을 담그고 머리만 물 위로 내놓고 쉬기도 한다. 무자치는 위험을 느끼면 몸을 납작하게 하고 머리를 세모꼴로 만들어서 독이 있는 살모사 흉내를 낸다.

무자치는 논에 못자리를 만들고, 개구리가 겨울잠에서 깨어나는 때에 겨울잠에서 깨어난다. 봄에 허물을 한 번 벗으면 그늘지고 축축한 곳에 수십 수백 마리가 떼로 모여 뒤엉켜 짝짓기를 한다. 8~9월이 되면 다른 뱀과 달리 새끼를 10~12마리 낳는다. 우리나라에서 새끼를 낳는 뱀은 무자치와 살모사 무리뿐이다. 날이 추워지면 햇볕이 잘 드는 돌 틈이나 나무뿌리, 논두렁에 뚫린 굴, 쥐구멍에 들어가 겨울잠을 잔다.

다른 이름 물뱀, 무자수, 수사, 떼뱀
북녘 이름 밀뱀
사는 곳 논, 갈대숲
먹이 참개구리, 청개구리, 산개구리, 옴개구리, 물고기, 벌레
나오는 때 낮
분포 우리나라, 중국 북부, 시베리아
학명 *Elaphe rufodorsata*

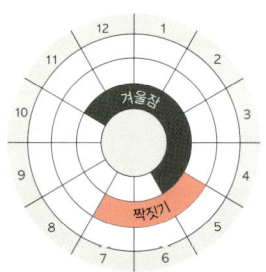

몸길이는 40~50cm이다. 등은 붉거나 누런 밤색을 띠고 조금 더 옅은 누런 세로줄이 네 줄 나 있다. 머리에는 검은 무늬가 두 줄로 뚜렷하게 나 있다. 눈 뒤쪽으로 검은 줄무늬가 있다. 꼬리에는 검은 줄이 두 줄 있다.

2003년 6월 경기 용문

무자치는 누룩뱀과 닮았는데 등에 세로로 줄이 나 있고, 배에 검은 네모꼴의 바둑판 무늬가 있다.

유혈목이

2004년 9월 충북 충주

유혈목이는 목에 검은색과 붉은색 무늬가 아주 뚜렷해서 눈에 잘 띈다. 색깔이 알록달록 화려하다고 '꽃뱀'이라고 하고, 고개를 쳐들고 이리저리 너불댄다고 '너불대'라고도 한다.

유혈목이는 참개구리, 산개구리, 옴개구리 같은 개구리를 많이 먹고 다른 뱀이 꺼리는 두꺼비도 먹는다. 움직임이 빨라서 개구리가 뛰어 도망가면 잽싸게 쫓아간다. 개구리를 놓치면 고개를 쳐들고 두리번거리다가 다시 따라간다. 헤엄을 잘 쳐서 물속에 들어가 미꾸라지 같은 물고기도 잡아먹는다. 먹이를 한번 물면 놓치는 법이 없다. 먹이를 물면 아래턱을 번갈아 움직여 입속 깊이 들어가게 한 뒤 독니로 문다.

유혈목이는 오랫동안 독이 없는 뱀으로 여겨지다가 1984년에 처음 독이 있다고 밝혀졌다. 살모사는 입 앞에 독니가 있지만 유혈목이는 입 안쪽에 작은 독니가 있다. 그래서 입 안쪽까지 깊숙이 물리게 되면 독니에 물린다. 사람이 물리면 몸속에서 피가 나고 물린 자국에서 피가 안 멈춘다. 가까운 병원에 가서 빨리 치료를 받아야 한다.

다른 이름 꽃뱀, 너불대, 너불메기, 까치독사, 율모기
북녘 이름 늘메기
사는 곳 산기슭, 강가, 논
먹이 개구리, 미꾸라지, 쥐
나오는 때 낮
분포 우리나라, 일본, 중국, 러시아.
학명 *Rhabdophis tigrinus tigrinus*

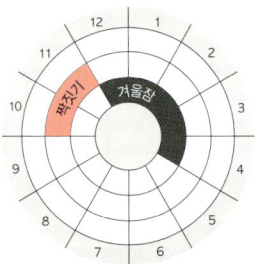

몸길이는 70~80cm이다. 제주도에는 1m가 넘는 것도 있다. 몸빛은 풀색이고 목에 검은 무늬와 붉은색 무늬가 뚜렷하다. 몸 비늘에는 돌기가 나 있어 까칠까칠하다. 눈은 크고 눈동자는 둥글다. 암컷이 수컷보다 크고 꼬리가 가늘고 짧다.

2004년 9월 강원 양양

몸 지키기

 유혈목이는 천적을 만나면 몸통 앞쪽을 납작하게 펼쳐서 될 수 있는 대로 크게 보이려고 한다. 그러면 머리도 납작하게 넓어져서 독사처럼 삼각형이 된다. 그래도 안 되면 몸을 뒤집어 죽은 시늉을 하면서 똥구멍에서 고약한 냄새가 나는 물을 내뿜는다.

 유혈목이는 입안에 있는 독니 말고도 목덜미에 듀벨로이드선이라는 작은 독샘이 8~14개 나란히 있다. 화가 나면 목을 코브라처럼 납작하게 펼치고 목을 구부려 독물을 뿜어낸다. 이 독물이 천적 입이나 눈에 들어가면 아주 아프고 쓰리다. 눈이 멀 수도 있다. 독물을 뿜고는 천적이 놀라 어쩔 줄 모를 때 도망을 간다.

한살이

 유혈목이는 4월쯤에 겨울잠에서 깨어난다. 봄과 가을에 많이 보이고 무더운 여름에는 보기 힘들다. 다른 뱀과 달리 10~11월에 짝짓기를 하고 나서 겨울잠을 자러 들어간다. 알은 이듬해 5~7월에 낳는다. 10~25개쯤 낳는데 많이 낳으면 40개가 넘기도 한다. 알은 달걀꼴이고 긴 쪽 지름은 4cm, 짧은 쪽 지름은 2cm이다. 껍데기는 연하고 하얗다. 9월이면 새끼가 깨어 나온다. 알에서 나온 새끼 뱀은 지렁이나 올챙이나 청개구리를 잡아먹는다. 새끼는 어미보다 풀색 몸빛에 붉은 무늬가 더 뚜렷하다. 깨어난 지 일주일쯤 지나면 처음 허물을 벗는데 그때까지는 아무것도 안 먹는다.

겨울잠 자는 유혈목이
유혈목이 두 마리가 엉켜서 겨울잠을 자고
있다. 뱀은 먹이가 많은 논이나 밭, 풀밭에서
살다가 겨울잠을 잘 때는 산 위로 올라와서
여러 마리가 뒤엉켜 함께 잔다. 별일이
없으면 한 번 겨울을 난 곳에서 해마다
겨울을 난다.

실뱀

실뱀은 등에 허연 줄이 꼬리까지 쭉 나 있다. 그래서 '줄뱀'이라고도 한다. 꼬리가 다른 뱀보다 아주 길다. 우리나라에 사는 다른 어떤 뱀보다 빠르다. 나무와 나무 사이를 날듯이 빠르게 건너다닌다고 '비사'라고도 한다. 그래서 숲에서 실뱀을 찾을 때는 땅보다 나무 위를 더 살펴보아야 한다.

실뱀은 풀밭이나 강가 돌무더기에서 많이 살면서 벌레나 개구리나 장지뱀 무리를 잡아먹는다. 사람이 가까이 오면 벌써 재빠르게 도망을 가기 때문에 보기가 매우 어렵다. 오뉴월에 짝짓기를 하고 7~8월에 알을 6개쯤 낳는다. 실뱀은 그 수가 워낙 적어서 보기 힘든데, 우리나라 남쪽으로 내려갈수록 수가 많아진다. 제주도에서는 한라산 1,200m 높이까지 산다.

다른 이름 줄뱀, 비사
사는 곳 풀밭, 강가 돌무더기
먹이 벌레, 개구리, 장지뱀 무리
나오는 때 낮
분포 우리나라, 중국 북부, 몽골, 대만, 미국
학명 *Zamenis spinalis*

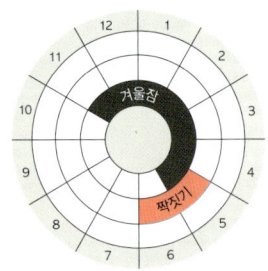

다 자라면 80~90cm쯤 된다. 몸은 거무스름하고
검은 점무늬가 쭉 나 있다. 머리에서 꼬리까지
등 가운데로 허연 줄이 있다. 눈은 둥글다.
몸통이 다른 뱀과 달리 매우 가늘다.

2005년 8월 충북 문경

능구렁이

2004년 8월 전북 변산

능구렁이는 온몸이 붉은데 검은 띠무늬가 있어 금방 알아볼 수 있다. 우리나라에서 뱀을 잡아먹는 뱀은 능구렁이뿐이다. 독사인 살모사까지 잡아먹는다. 다른 뱀보다 몸집은 그리 크지 않지만 힘이 배 이상 세다고 한다. 독이 없어서 먹이를 잡으면 몸을 둘둘 휘감아 조른다. 개구리, 들쥐, 새알 따위를 많이 먹고 다른 뱀이 꺼리는 두꺼비까지 잡아먹는다. 낮에는 바위나 돌 틈 사이에 숨어 쉬다가 밤이 되면 나와 먹이를 잡아먹는다. 밤에는 눈이 둥글고 낮에는 고양이 눈처럼 가늘어진다.[61]

능구렁이는 다른 뱀보다 성질이 거칠고 사납다. 가만히 꼼짝 않고 있다가 갑자기 사납게 대들어 문다. 몸통 앞쪽을 땅에서 들어 올리면서 구불구불 구부리며 도사린다. 그러다가 갑자기 '쉐~애' 소리를 내면서 머리를 던지듯이 덤벼 문다. 독이 없기 때문에 물어서 어쩌기보다는 천적에게 겁을 주고 빠져 나가려는 것이다.

능구렁이는 다른 뱀보다 추위를 잘 타서 가장 일찍 겨울잠을 자고 가장 늦게 깨어난다. 능구렁이가 봄에 보이면 겨울잠을 자는 뱀은 더 없다고 봐도 된다. 수가 적어서 보기 힘들고 울릉도와 제주도에서는 안 산다.

다른 이름 능사, 능그리, 사주
북녘 이름 섬사
사는 곳 논둑, 밭둑, 강가
먹이 개구리, 두꺼비, 들쥐, 새알, 뱀
나오는 때 밤
분포 우리나라, 일본, 중국, 몽골, 태국
학명 *Dinodon rufozonatus rufozonatus*

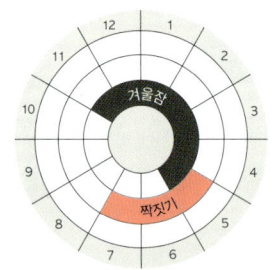

다 자라면 90~100cm쯤 된다. 몸이 빨갛고
검은 띠무늬가 몸통에 50~70개 나 있다. 몸통
옆에는 까만 얼룩무늬가 있다. 몸통 비늘은
미끈하다. 머리 위에도 검은 점이 나 있다.
눈동자는 고양이처럼 위아래로 째졌다.

2004년 8월 전북 변산

대륙유혈목이

2005년 10월 제주

대륙유혈목이

대륙유혈목이는 몸에 다른 무늬가 없이 그냥 누런 흙빛이다. 사는 곳에 따라 더 진하기도 하고 연하기도 하다. 몸통은 기름을 바른 것처럼 미끈하다. 유혈목이라는 이름이 붙었지만 유혈목이와는 생김새가 전혀 다르다. 우리나라 뱀 가운데 크기가 가장 작다. 독도 없고 성질도 순해서 잡아도 안 문다.[62]

우리나라 어디에나 산다고 알려졌지만 그 수는 매우 적다. 그런데 제주도에는 육지보다 흔해서 돌무더기 밑에서 꽤 볼 수 있다.[63] 따뜻한 것을 좋아해서 뜨거운 한여름에도 볼 수 있다. 큰 나무 위에 올라가기도 하고 작은 개울가 풀숲이나 밭 가까이에 있는 바위나 풀밭에서도 볼 수 있다. 언제나 물 가까이에 있고 멀리 안 떠난다. 올챙이나 개구리, 벌레나 지렁이를 잡아먹고 물속에서 작은 물고기를 잡기도 한다. 몸이 작고 힘이 없어서 참개구리처럼 몸집이 큰 먹이를 잡으면 안 놓치려고 온몸을 부르르 떨며 힘을 준다. 입으로 물었는데도 먹이가 달아나려고 하면 안 끌려가려고 꼬리를 나뭇가지에 말기도 한다.

대륙유혈목이는 5월쯤에 짝짓기를 하고 여름에 알을 4~6개 낳는다. 알에서 나온 새끼 뱀은 몸길이가 15cm쯤 되고 몸빛도 어미와 똑같다. 날씨가 추워지면 돌 틈이나 바위 밑에 들어가 겨울잠을 잔다.

다른 이름 달구렁이, 밀뱀, 홍사샛뱀, 실뱀
북녘 이름 대륙늘메기
사는 곳 물가, 밭둑 돌 밑, 풀밭
먹이 작은 개구리, 올챙이, 작은 물고기, 벌레, 지렁이
나오는 때 낮
분포 우리나라, 일본, 대만, 러시아
학명 *Amphiesma vibakari ruthveni*

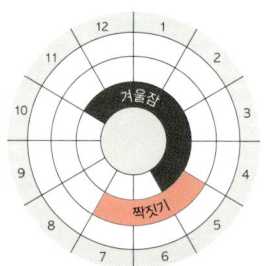

다 자라면 50cm쯤 된다. 몸은 온통 누런 흙빛이다. 턱은 하얗고, 혀는 검붉고 끝이 노랗다. 몸통은 아주 매끈하다.

2005년 10월 제주 남제주군 대정읍 문화생태체험골

대륙유혈목이의 혀는 다른 뱀과 달리 알록달록하다.

2005년 10월 제주

살모사

살모사

살모사는 머리가 삼각형이고 눈 뒤로 흰 줄이 뚜렷하게 나 있다. 꼬리는 잘록하고 노란색인데 화가 나면 곧추세워서 다르르르 떨거나 가랑잎을 탁탁 친다.

살모사[64]는 산기슭 돌무더기나 밭둑에서 산다. 낮에는 바위 틈이나 풀숲같이 그늘진 곳에서 쉬는데, 비가 온 뒤에 날이 개거나 추운 날에는 바위에 똬리를 틀고 앉아 해바라기를 한다. 해가 지고 어두워지면 나와서 쥐나 개구리 같은 작은 동물을 잡아먹는다. 깜깜한 밤에도 눈과 콧구멍 사이에 있는 피트 기관으로 먹잇감의 체온을 느끼고 쫓아가 잡는다. 그래서 앞이 하나도 안 보이는 깜깜한 쥐굴에서도 잽싸게 사냥을 할 수 있다. 먹이를 독니로 재빨리 물어서 먹잇감이 꼼짝 못 하거나 숨이 끊어지면 한입에 삼킨다.

살모사는 6~7월에 짝짓기를 한다. 짝짓기를 하고 나서 그해에 새끼를 안 낳고 이듬해 여름에 새끼를 6~12마리쯤 낳는다. 새끼는 태어나자마자 저마다 흩어져 혼자 살아간다. 새끼는 2~3년쯤 지나면 어른이 된다.

우리나라에는 살모사, 쇠살모사, 까치살모사, 북살모사가 산다. 살모사 무리는 모두 독니가 있고, 눈 뒤쪽에 독주머니가 있어서 머리가 세모꼴이다. 또 알을 안 낳고 새끼를 낳는다. 쇠살모사가 가장 흔하고 까치살모사가 가장 드물다. 북살모사는 북녘에만 산다. 살모사 무리는 독이 세서, 사람이 물리면 얼른 병원에 가서 치료를 받아야 한다.

다른 이름 까치독사, 살무사, 실망이, 부예기
사는 곳 산기슭 돌무더기, 밭둑
먹이 쥐, 개구리
나오는 때 밤
수명 10~25년[65]
분포 우리나라, 일본, 중국, 러시아
학명 *Agkistrodon brevicaudus*

몸길이는 80~90cm쯤 된다. 머리는 세모꼴이고 눈 뒤로 흰 줄이 뚜렷하게 나 있다. 혀는 검고 꼬리는 노랗다. 몸은 붉거나 검은 밤색이고 검은 테두리가 있는 둥근 무늬가 몸통 좌우로 쭉 나 있다. 비늘에는 돌기가 나 있어 까끌까끌하다. 눈은 고양이처럼 칼 눈이다.

2003년 6월 경기 용문

쇠살모사

2004년 8월 전북 변산

쇠살모사

쇠살모사는 살모사와 비슷한데 혀는 붉고 꼬리 끝이 검다. 우리나라 살모사 무리 가운데 가장 작아서 이름 앞에 '쇠'자가 붙었다. 몸빛이 붉은 빛을 띤 것이 많아서 '불독사'라고도 한다.

쇠살모사는 산과 잇닿아 있는 밭이나 풀숲, 돌무더기에 많이 산다. 높은 산이나 낮은 산이나 두루 살고, 다른 살모사보다 훨씬 흔하다. 산에 성묘를 하러 갈 때 가장 많이 만나는 뱀이다. 겨울잠을 자러 들어가기 전에는 먹이를 많이 먹어 두어야 하므로 가을에 가장 많이 나와 돌아다닌다. 그때는 산에 가서 안 물리게 더 조심해야 한다. 제주도에 사는 쇠살모사는 혀가 붉고 꼬리가 검은 뚜렷한 쇠살모사 모습을 띠고 있다. 제주도에는 살모사는 안 살고 쇠살모사만 산다.

쇠살모사는 8~9월에 짝짓기를 많이 하는데, 짝을 만나면 언제든지 밤낮을 안 가리고 짝짓기를 한다. 그해에 새끼를 안 낳고 다음 해 여름에 6~7마리 낳는다. 어미 몸이 안 좋거나 주변 상황이 나쁘면 새끼를 한 해 더 미루었다가 낳기도 한다. 막 낳은 새끼는 크기만 작지 어미와 똑같이 생겼다. 어린 새끼도 독이 있어서 안 물리게 조심해야 한다. 새끼는 태어나면 어미 곁을 떠나 바로 흩어진다. 새끼는 두 해가 지나면 30cm쯤 크고 짝짓기를 할 수 있다. 겨울이 되면 굴속이나 바위 틈, 돌무더기에 들어가 떼로 뒤엉켜 겨울잠을 잔다.

다른 이름 독사, 부독사, 불독사, 부예기, 몽투리
사는 곳 산, 밭둑, 강가
먹이 들쥐, 개구리, 도마뱀
나오는 때 밤
수명 5~6년
분포 우리나라, 중국, 러시아
학명 *Agkistrodon ussuriensis*

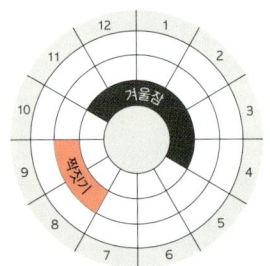

몸길이는 70~80cm쯤 된다. 살모사와 닮았지만
혀가 붉고 꼬리가 검은 것이 다르다. 머리는
세모꼴이고 몸빛은 붉은색을 띤 것이 많다. 몸통
앞쪽에는 둥근 무늬가 양쪽으로 나 있는데
가운데쯤에서 합쳐져서 띠무늬를 이룬다.
비늘에는 돌기가 있어서 까칠까칠하다.

2004년 6월 강원 양양

독니

살모사 무리는 모두 앞니에 주삿바늘처럼 생긴 독니가 한 쌍 있다. 입을 벌리면 이빨이 일어서면서 독주머니를 눌러 독물이 나오게 된다. 독니는 입을 다물면 누워 있고 먹이를 잡으려고 입을 벌릴 때만 꼿꼿이 선다. 그래서 독니로 자기 입을 깨무는 일은 없다. 먹이를 삼킬 때 독니가 부러지기도 하지만 다시 난다. 잘못해서 쇠살모사끼리 물어도 조금 움직임이 둔해지다가 곧 괜찮아진다. 바다뱀은 살모사 무리와 달리 신경을 마비시키는 독이라서 서로 물면 죽기도 한다.

살모사 무리 독은 혈액성 독이다. 사람이 물리면 혈관이 터져 몸속에서 피가 나고 적혈구가 파괴된다. 물린 곳이 부어오르고, 타박상을 입은 것처럼 자줏빛을 띠고, 물린 자국에서는 피가 안 멈추고 계속 흘러나온다. 섣불리 민간 요법으로 치료하지 말고 될수록 빨리 병원에 가서 항독소 주사를 맞고 치료해야 한다.

아무리 독이 있는 독사라도 멧돼지나 오소리 앞에서는 꼼짝을 못 한다. 멧돼지는 아무리 물어도 살집이 두꺼워서 끄떡없다. 오소리가 날카로운 발톱이 난 앞발로 후려치면 아무리 독사라도 어쩌지 못한다. 또 부엉이나 황조롱이 따위 새가 하늘에서 덮치면 꼼짝없이 잡아먹히고 만다.

쇠살모사가 돌무더기에 올라와 햇볕을 쬐고 있다.
2004년 9월 강원 양양

허물벗기

뱀은 한 해에 몇 번씩 허물을 벗는다. 몸은 커지지만 살갗 비늘은 커지지 않아서 허물을 벗는다. 먹이를 많이 먹을수록 허물을 자주 벗는다. 허물 벗을 때가 되면 눈이 뿌예지고 몸빛이 탁해진다. 그러면 돌 틈이나 나뭇가지처럼 거칠거칠한 곳에 몸을 문대면서 허물을 벗는다. 먼저 주둥이를 비벼 허물이 벗겨지면 몸을 앞으로 쭉 밀면서 한꺼번에 벗는다. 벗겨진 허물에는 몸 비늘 모양이 고스란히 남는다. 새끼는 몸이 빨리 자라니까 한 해에 열 번도 넘게 벗고 어른은 여덟 번쯤 벗는다. 한 번 허물을 벗는 데 몇 분도 안 걸린다.

등 허물

배 허물

쇠살모사가 벗어 놓은 허물
허물을 벗을 때는 주둥이 끝을 바위나 나무 둥치에 문지른다. 그러고는 머리부터 꼬리까지 한번에 쭉 벗는다. 허물에 몸통 무늬와 눈동자 비늘까지 다 보인다.
2004년 6월 강원 양양

까치살모사

까치살모사는 살모사 무리 가운데 몸이 가장 굵고 독도 가장 세다. 사람이 물리면 일곱 발자국 가다가 쓰러진다고 '칠보사' 라고도 한다.

까치살모사는 나무가 별로 없고 큰 바위가 드러나 있는 곳이나 산속 묵정밭 돌무더기에서 산다. 비가 오기 전날이나 비가 오고 난 다음 날이면 바위에 올라가 똬리를 틀고 앉아서 햇볕을 쬔다. 날이 추워질 때도 햇볕을 쬐러 자주 나온다. 한여름 아주 뜨거울 때는 그늘을 찾아가서 쉰다. 사는 곳을 멀리 안 떠나고 쥐나 도마뱀, 도롱뇽, 다람쥐 같은 작은 동물을 잡아먹고 산다. 먹이를 잡을 때는 자기 머리를 던지듯이 내뻗어 독니로 재빨리 물어 잡는다.

까치살모사는 위험한 뱀이지만 높은 산에서 살고 수가 적어서 보기 힘든데, 사람들이 마구 잡아서 점점 더 줄어들고 있다.

다른 이름 칠점사, 칠점백이, 칠보사, 살모사
사는 곳 높은 산
먹이 쥐, 도마뱀, 도롱뇽, 다람쥐
나오는 때 밤
분포 우리나라, 중국 북부
학명 *Agkistrodon saxatilis*

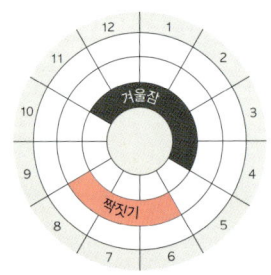

몸길이는 80~90cm쯤 된다. 살모사나 쇠살모사보다 몸이 훨씬 굵고 꼬리가 짧다. 머리는 뚜렷하게 세모꼴이고 정수리에는 거꾸로 된 V자 모양의 무늬가 있다. 살모사와 달리 눈에서 목까지 흰 줄이 없다. 몸통에는 둥글고 검은 무늬가 나 있고 몸통 뒤로 갈수록 띠무늬를 이룬다.

2004년 8월 전북 변산

더 알아보기
참고한 책
가나다 찾아보기
학명 찾아보기

1) 척추동물 비교

분류군	피부	번식	수정	네 다리	심장	호흡기	체온
어류	떨어지는 비늘	알	체외	앞-가슴지느러미 뒤-배지느러미	1심방 1심실	아가미	변온
양서류	맨 살갗	알	체외	네 다리	2심방 1심실	유생-아가미 성체-허파	변온
파충류	붙어 있는 비늘	알 또는 새끼	체내	짧은 네 다리 또는 퇴화	2심방 불완전 2심실	허파	변온
조류	깃털	알	체내	앞-날개 뒤-다리	2심방 2심실	허파	항온
포유류	털	새끼	체내	네 다리	2심방 2심실	허파	항온

2) 양서류는 4억 년 전쯤인 데본기 중기에 처음으로 지구에 나타났다. 땅 위에서 허파로 숨을 쉬고 지느러미로 기어 다니는 물고기에서 처음 양서류가 생겨났다. 양서류에서 파충류, 파충류에서 조류와 포유류가 생긴 만큼 양서류의 출현은 동물 진화 역사에서 매우 중요한 사건이었다. 지금까지 알려진 가장 오래된 양서류 화석은 오스트레일리아에서 발견된 메타키시그나토우스(*Metaxygnathus*)와 그린란드에서 발견된 이크티오스테

지질 시대표

대(代)	기(紀)	세(世)	생물의 진화	년
신생대	제4기	현세 플라이스토세	현대인 인류의 진화, 거대 포유류	1만 1,000년 300만 년
	제3기	플라이오세 마이오세 올리고세 에오세 팔레오세	거대 식육류 유인원 적응방산 첫 유인원 포유동물 적응방산 포유동물 출현	700만 년 2,500만 년 4,000만 년 6,000만 년 7,000만 년
중생대	백악기 쥐라기 트라이아스기		조류 적응방산, 공룡 멸종 공룡 우세, 조류와 포유류 출현 공룡 출현	1억 3,500만 년 1억 8,000만 년 2억 3,000만 년
고생대	페름기		**파충류 적응방산, 양서류 쇠퇴**	2억 8,000만 년
	석탄기	펜실베이니아기 미시시피아기	**파충류 출현, 양서류 우세**, 곤충 흔함 **양서류 적응방산**, 상어류 흔함	3억 1,000만 년 3억 4,000만 년
	데본기 실루리아기 오르도비스기 캄브리아기		어류 우세, **양서류 출현** 턱이 있는 어류, 육상 절지동물 첫 척추동물, 육상식물 출현 주요 무척추동물	4억 500만 년 4억 2,500만 년 5억 년 6억 년
전캄브리아대			해양 원생동물, 연체동물, 원시 해조, 균류 출현	

가(*Ichthyostega*)가 있다. 그 뒤 덥고 축축한 석탄기에 여러 양서류 종이 나타나 네 다리로 움직이면서 땅 위에 사는 곤충을 잡아먹고 살았다. 양서류는 처음 지구에 나타나서 약 8,000만 년 동안 육상동물 가운데 가장 크게 번성했다. 석탄기에 살던 양서류는 거대한 갑옷을 입었고 물고기처럼 생겨서 지금 살고 있는 양서류와는 생김새가 전혀 달랐다. 지금 살고 있는 양서류와 생김새가 닮은 중간 조상은 2억 년 전쯤에 나타났다. 그리고 1억 5,000만 년 전쯤인 쥐라기에 하나의 땅덩어리였던 판게아 초대륙이 여러 대륙으로 갈라지면서 온 세계에 퍼져 살게 되었다. 바닷물에서는 못 사는 양서류가 현재 세계 곳곳에서 많이 발견되는 까닭이 바로 여기에 있다.

3) 양서류는 어릴 때는 물속에서 살면서 물고기처럼 아가미로 숨을 쉬다가 다 자라면 허파와 살갗으로 숨을 쉰다. 양서류는 호흡을 도와주는 가로막이 없어서 목 부위를 올렸다 내렸다 하면서 입으로 숨을 쉰다. 허파 구조도 단순해서 몸 전체에 산소를 충분히 보내지 못 한다. 그래서 살갗으로 숨을 쉬어서 필요한 산소를 거의 얻는다. 살갗 아래에는 모세혈관이 많이 있다. 살갗에 있는 끈끈한 물에 산소가 녹아 들어가면 모세혈관으로 빨아들여 숨을 쉰다.

4) 파충류는 양서류에서 갈라져 나왔지만 처음에 어떻게 갈라져 나왔는지는 정확하게 알려져 있지 않다. 파충류는 처음에 양서류처럼 물 가까이에 살다가 알껍데기가 점점 딱딱해지면서 땅 위로 올라왔다. 그래서 파충류는 중생대 동안에 물가를 완전히 떠나 땅 위에서 살았다. 이 시대를 파충류 시대라 한다. 가장 오래된 파충류 화석은 석탄기 후기인 3억 1,500만 년 전쯤에 화석이 된 나무속에서 발견되었는데 생김새가 도마뱀과 비슷하다.

▶ 공룡

공룡은 중생대 중간쯤에 나타나서 1억 3,000만 년 전까지 인간이 살아온 시간보다 40배나 더 긴 시간을 살았다. 공룡은 지금 살고 있는 파충류처럼 변온동물이었는데 일부 종은 항온동물이었다고 주장하는 사람들도 있다. 몸집이 까치만큼 작은 공룡부터 키가 12m가 넘는 큰 공룡까지 몸집과 생김새가 다양하였다. 몸집이 아주 크며 식물을 먹고 사는 울트라사우르스와 세이모사우르스, 다른 동물을 잡아먹는 티라노사우르스, 물속에서 사는 어룡과 새처럼 날아다니는 익룡도 있었다. 공룡은 중생대가 끝나면서 모두 멸종하였다. 공룡이 왜 한꺼번에 멸종하였는지 아직까지 뚜렷이 알지 못한다. 공룡이 많이 살던 중생대에 지구에 커다란 운석이 떨어져 갑자기 날씨가 바뀌면서 멸종하였다거나 빙하기가 오면서 멸종되었다는 주장 따위가 있다. 멸종되지 않고 살아남은 종은 몸집이 작아지거나 다리가 없어져 뱀처럼 기어 다니는 파충류로 진화하였는데, 먹이를 찾아서 물속이나 바다로 들어가기도 하였다.

▶ 거북

거북은 화석 기록으로 볼 때 2억 년 전에 초기 공룡과 함께 나타났다. 이때는 아직 도마뱀이나 뱀이나 악어가 나타나지 않았다. 거북은 이빨이 있고 목을 안으로 넣지 못했지만 지금 거북과 같은 등딱지가 있었다.

다른 종과 달리 딱딱한 등딱지가 있어서 생김새가 많이 달라지지 않고 예전 생김새 그대로 진화하였다. 지금까지 살아 있는 모든 거북은 아나피시드(Anapcid) 무리에서 갈라져 나왔다. 이 그룹은 다시 크립토디라(Cryptodira) 무리와 플루로디란스(Pleurodirans) 무리로 나뉜다. 크립토디라 무리는 목을 몸 안에 넣지만, 플루로디란스 무리는 목을 몸 안에 못 넣고 등껍질 밑에 목을 움츠려서 숨긴다.

▶도마뱀

도마뱀의 조상은 삼첩기에 나타났다. 그렇지만 화석 자료가 많지 않아서 도마뱀이 어느 공룡 무리에서 진화하였는지는 뚜렷이 밝혀지지 않았다. 도마뱀은 2억 년 전쯤부터 산 것이 확실하므로 매우 오래된 공룡 무리에서 생겨났을 것이다. 현재 도마뱀의 선조는 에오스키아(Eoskia)라고 하는 공룡 무리가 아닌가 짐작한다.

장지뱀 무리는 도마뱀과 닮았지만 생김새나 발생학 측면에서 볼 때 전혀 다른 종이다. 장지뱀 무리는 중생대 초기에 나타나 중생대 마지막인 백악기(1억 3,600만 년~6,500만 년 전쯤)까지 번성하다가, 제3기(약 6,500만 년~250만 년 전)에 뚜렷하게 갈라져 나왔다.

▶뱀

도마뱀 무리는 삼첩기에 처음 나타났지만 뱀 무리는 1억 3,500만 년 전쯤인 백악기 초기에 나타났다. 뱀 무리는 땅속에 사는 도마뱀 무리에서 진화하였다고 짐작한다. 뱀의 기원은 두 가지로 생각할 수 있는데 그에 따라 나타난 때가 많이 달라진다. 뱀은 도마뱀과 생김새나 몸 구조가 매우 닮았다. 진화 순서에서 뱀이 도마뱀의 한 무리에서 갈라져 나왔는지 아니면 도마뱀과 닮은 선조에서 뱀과 도마뱀이 따로 나왔는지 하는 논란이 있다. 앞의 말에 따르면 뱀은 도마뱀보다 늦게 나타나게 되고, 뒤의 말에 따르면 뱀과 도마뱀이 같이 고생대 말에 나타나게 된다. 화석 기록을 찾아보면 안타깝게도 뱀 화석은 많지 않다. 가장 오래된 화석은 사하라 사막 중부 백악기 전기 지각에서 발견한 라파렌토피스 데프렌네이(Lapparentophis defrennei)로 겨우 척추뼈 세 개가 발굴되었을 뿐이다. 이것은 도마뱀과 비슷하지만 뚜렷한 뱀 형태를 나타냈다. 따라서 늦어도 쥐라기(1억 3,500만 년 전)에는 확실히 뱀이 나타났다고 여긴다. 뱀 화석이 백악기 말기부터 나타나는 것으로 보아서 적어도 1억 년 전부터 살았다고 짐작하지만 뱀이 어떻게 진화하였는지는 아직 뚜렷하게 안 밝혀졌다.

▶악어

악어 무리는 중생대 후기인 백악기 초(1억 3,000만 년 전)에 나타났다. 악어 무리는 생김새가 더 바뀌지 않아 그때 모습 그대로 지금까지 살아남았다. 악어류는 다른 파충류보다 뇌와 심장 구조가 더 진화해서 심장은 심실이 완전히 나뉘었다. 그래서 악어는 뱀이나 도마뱀보다는 오히려 새에 더 가깝게 진화하였다.

5) 서로 닮은 생물을 무리로 묶어서 구분하는 방법을 분류라고 한다. 작은 무리부터 종-속-과-목-강-문으로 묶어서 나눈다. 양서류(양서강)와 파충류(파충강)를 비롯해 어류(어류강), 포유류(포유강)에는 등뼈가 있어 모두 척추동물(척색동물문)로 묶는다. 바꿔 말하면 양서류는 척추동물 가운데 한 무리이다. 양서류를 생김새가 비슷한 것끼리 모아 정리하면 좀 더 작은 '목' 단위로 묶인다. 고생대, 중생대에는 많은 무리가 살았으나 지금 양서류는 세 무리(목)만 산다. 발이 없는 무족영원 무리(무족목), 발이 있고 꼬리가 달린 영원·도롱뇽 무리(유미목), 발이 있고 꼬리가 없는 개구리 무리(유미목)이

목	과	수	분포	특징
무족목	무족영원과	26속 약 90종	열대, 아열대	꼬리가 없다. 알 또는 새끼를 낳는다.
	아시아무족영원과	7속 70종	아시아, 아프리카, 남아메리카	꼬리가 있고 알을 낳는다.
유미목	도롱뇽과	5속 약 30종	아시아	몸집이 작다. 땅 위에서 살다가 알 낳을 때만 물에 들어간다.
	대도롱뇽과	2속 3종	일본, 중국, 미국	몸집이 크다. 물속에서 산다.
	앤휴머과	1속 3종	아메리카 동부	뱀장어를 닮았지만 작은 발이 있다. 물속에서 산다.
	동굴영원과	2속 6종	유럽, 미국	물속에서 살고 평생 아가미가 있다.
	사이렌과	2속 3종	미국 남부에서 멕시코 북부	평생 아가미가 있고 물속에서 산다. 뒷발이 없다.
	영원과	15속 43종	유럽, 아시아, 북아프리카, 북아메리카	대부분 땅 위에서 산다.
	앤비스트마과	4속 33종	북아메리카, 중앙아메리카	땅 위에서 살기도 하고 평생 물속에서 사는 것도 있다.
	이끼도롱뇽과	23속 약 214종	북아메리카에서 남아메리카 중앙, 이탈리아, 프랑스, 우리나라	허파가 없다.
무미목	리오펠마과	2속 4종	미국, 뉴질랜드	가장 원시적인 개구리이다. 꼬리를 움직이는 근육이 조금 남아 있다.
	잠복개구리과	4속 약 17종	남아메리카, 아프리카	혀가 없다. 물속에서 산다.
	방울개구리과	4속 10종	유럽, 아시아	아래턱에 이빨이 없다.
	페로비테스과	8속 51종	아시아, 유럽, 아프리카, 북아메리카	땅속에 숨어 사는 것이 많다.
	반대개구리과	2속 5종	남아메리카	물속에서 산다. 올챙이가 아주 크다.
	레프트다크티르스과	약 60속 650종	남아메리카, 남아프리카, 오스트레일리아	남반구에 산다.
	덴드로바테스과	3속 약 73종	중앙아메리카, 남아메리카	땅 위에서 산다.
	아테로프스과	4속 약 50종	중앙아메리카, 남아메리카	땅 위에서 산다.
	청개구리과	약 32속 550종	아프리카, 서아시아, 동남아시아를 뺀 온 세계, 남아메리카에 70%가 산다.	발가락에 빨판이 있고 나무 위에 많이 산다.
	두꺼비과	약 10속 280종	오스트레일리아를 뺀 온 세계	땅 위에서 산다.
	나무개구리과	약 25속 150종	아프리카, 동남아시아	발가락에 빨판이 있고 나무 위에 많이 산다.
	개구리과	약 30속 590종	남아메리카 중남부를 뺀 온 세계	우리나라 개구리는 대부분 여기에 속한다.
	맹꽁이과	약 50속 230종	동남아시아, 아프리카, 아메리카	

다. 이들 세 무리를 다시 작은 무리로 나눠 '과'라고 한다. 그리고 과에서도 더 작은 무리를 '속'이라고 한다.

6) 파충류는 온 세계에 4목 49과 905속 6,500종쯤 산다. 거북목에는 13과 75속 244종, 도마뱀아목에는 16과 383속 3,751종, 지렁이도마뱀아목에는 4과 21속 140종, 뱀아목에는 12과 417속 2,389종, 옛도마뱀목에는 1과 1속 2종, 그리고 악어목에는 3과 8속 22종이 산다. 우리나라에는 2목(거북목, 뱀목) 2아목(도마뱀아목, 뱀아목) 10과(바다거북과, 장수거북과, 자라과, 남생이과, 도마뱀붙이과, 도마뱀과, 장지뱀과, 뱀과, 살모사과, 바다뱀과)

목	과	특징
거북목	뱀목거북과 | 가로목거북과 | 늑대거북과 | 큰머리거북과 | 늪거북과(남생이과) | 땅거북과 | 바다거북과 | 장수거북과 | 강거북과 | 흙탕거북과 | 큰냄새거북과 | 자라사촌과 | 자라과	거북 무리는 온대와 열대에 걸쳐 분포하고 땅 위나 민물이나 바다에 산다. 거북목은 곡경아목과 잠경아목 두 아목으로 나뉜다. 곡경아목은 긴 목을 등딱지 속으로 숨기지 못하고 목을 옆으로 구부려 등딱지 밑으로 숨긴다. 이 아목에는 70종쯤 있고 모두 민물에 산다. 잠경아목은 목을 등딱지 속으로 숨긴다. 땅 위나 민물과 바다에 산다.
도마뱀아목	아가마과 | 카멜레온과 | 이구아나과 | 도마뱀붙이과 | 넓적발도마뱀과 | 달리과 | 도마뱀과 | 장지뱀과 | 밤도마뱀과 | 도마뱀과 | 갑옷도마뱀과 | 장님도마뱀과 | 악어도마뱀과 | 무족도마뱀과 | 귀머거리도마뱀과 | 독도마뱀과 | 왕도마뱀과	도마뱀 무리는 생김새나 행동이 저마다 다르다. 대부분 네 다리가 있고 꼬리가 길며 눈꺼풀과 귓구멍이 있다. 멕시코구슬도마뱀과 아메리카독도마뱀에만 독이 있다.
지렁이도마뱀아목	지렁이도마뱀과 | 플로리다지렁이도마뱀과 | 이족지렁이도마뱀과 | 굵은지렁이도마뱀과	지렁이도마뱀은 도마뱀 무리의 한 과로 분류하다가 지금은 완전히 다른 하나의 목으로 분류한다. 분류학자에 따라 140개 종을 2~4개 과로 나눈다. 지렁이도마뱀 무리는 지렁이처럼 생긴 도마뱀 무리이다. 다리가 없고 땅속으로 잘 숨는다. 몸 비늘이 고리 모양으로 나 있어서 지렁이와 비슷해 보인다.
뱀아목	비단구렁이과 | 파이프뱀과 | 정글왕뱀과 | 왕뱀과 | 가시꼬리뱀과 | 실장님뱀과 | 미국지렁이뱀과 | 장님뱀과 | 뱀과 | 코브라과 | 살모사과 | 바다뱀과	뱀 무리는 다리가 없다. 대부분 독이 없고 독사는 500종쯤 있다.
악어목	앨리게이터과 | 크로커다일과 | 가비알과	앨리게이터과와 크로커다일과는 주둥이가 넓적하고 가비알과는 주둥이가 좁고 길다. 모두 육식성이고 가비알과는 긴 주둥이로 물고기를 잘 잡아먹는다. 몸은 두꺼운 가죽으로 덮여 있다.
옛도마뱀목	투아타라과	옛도마뱀 무리는 뉴질랜드에서 멀리 떨어진 섬에 두 종만 산다. 투아타라라고 부르는데 겉모양은 이구아나와 비슷하다. 이들 무리는 6,500만 년 전에 멸종되었고 두 종만 살아남았는데, 1억 7,000만 년 전에 살았던 투아타라 화석과 지금 살고 있는 투아타라 생김새가 똑같아서 살아 있는 공룡이라고 할 수 있다. 투아타라는 아주 느리게 커서 태어난 지 20년이 지나야 알을 낳는다. 알을 낳는 데 1년이 걸리고 알이 깨어나는 데 15개월이 걸린다. 온 세계에서 가장 원시적인 파충류이다.

1아과(물뱀아과) 22속 32종쯤 살고 있다. 32종 가운데 바다거북과 바다뱀 종류는 우리나라에 사는 종이 아니고 우연히 동해나 남해 바다에 나타나는 종(Visitor species)이다. 장수도마뱀, 세줄무늬뱀, 줄꼬리뱀, 북살모사는 북녘에만 산다.

7) 체외수정은 암컷이 물속에 알을 낳으면 수컷이 정액을 뿌려 수정을 시키는 방법이다. 체외수정은 체내수정보다 수정이 될 확률이 낮아서 알을 많이 낳는다. 물고기와 양서류는 대부분 체외수정을 한다. 직접 교미를 하지 않아서 수컷은 암컷을 꼭 껴안고 수정을 시킨다. 이를 한자말로 '포접'이라고 한다. 포접하는 방법은 개구리마다 다르다. 사타구니를 끌어안는 방법, 겨드랑이를 끌어안는 방법, 머리를 끌어당기고 등 위에 올라앉는 방법, 접착제로 붙이는 방법 따위가 있다. 개구리는 대부분 겨드랑이를 끌어안지만 무당개구리는 사타구니를 끌어안고, 맹꽁이는 등에서 접착제 같은 끈끈한 물이 나와 붙는다.

8) 우리나라 양서류는 알을 낳으면 돌보지 않지만 다른 나라에 사는 개구리 가운데 알이나 올챙이를 돌보는 개구리가 있다. 일본에 사는 이시카와개구리는 흙으로 된 보금자리를 만들고, 나무개구리는 나뭇가지나 잎사귀에 흰 거품덩어리로 알집을 만든다. 알집 겉이 꾸덕꾸덕하게 굳어 안에 있는 알을 보호한다. 유럽에 사는 산파개구리 수컷은 기다란 알주머니를 뒷다리에 감고 다니다가 올챙이가 깨어나면 물속에 놓아 준다. 남아메리카에 사는 피파개구리는 암컷 등 살갗 속에서 알을 키운다. 오스트레일리아에 사는 위주머니보란개구리는 위 속에서 알을 부화시켜 올챙이 때까지 키우다가 다 자라면 입으로 토해 낸다. 이 밖에도 캥거루개구리, 수리남개구리, 다윈개구리, 다링튼주머니개구리 따위가 알이나 새끼를 돌본다고 알려졌다.

9) 올챙이는 몸통과 꼬리로 나뉜다. 몸통은 둥그스름하게 생겼다. 몸통에는 입과 눈과 콧구멍과 아가미가 있고 소화 기관이 있다. 꼬리지느러미는 물고기 지느러미와 달리 뼈가 없고 두 겹의 살갗으로만 되어 있다. 꼬리지느러미는 부드럽고 길어서 헤엄칠 때 이리저리 휜다. 올챙이는 입에 아주 자잘한 이빨이 빽빽이 나 있다. 이빨 모양과 수가 종마다 달라서 전문가들이 어떤 개구리 올챙이인지 알려고 할 때 현미경으로 알아본다.

10) 개구리 수컷은 짝짓기 때가 되면 앞발 엄지발가락이 두툼하게 부풀어 커진다. 이를 혼인육지(nuptial pad)라고 한다. 암컷을 이 엄지발가락으로 꽉 그러잡으면 잘 떨어지지 않는다. 혼인육지를 보고 암컷인지 수컷인지 알아보기도 한다.

11) 암컷 개구리들에게 여러 종의 수컷 울음소리를 녹음해서 들려 주면 같은 종의 수컷 울

음소리가 나는 스피커 앞에 모여든다. 다른 종의 울음소리에 끌리는 일은 거의 없다. 개구리 울음소리는 한 가지인 것 같지만 A타입, B타입, C타입 울음소리로 나눌 수 있다. A타입 울음소리는 우리가 흔히 듣는 소리로 짝짓기 할 때 암컷을 부르는 소리이다. B타입 울음소리는 다른 개구리가 자기 영역에 들어올 때 경고하는 소리이다. C타입 울음소리는 상대방 수컷과 싸울 때 내는 소리이다. A – B – C 타입으로 갈수록 울음이 빠르고 사나워진다. 참개구리는 서로 25cm쯤 떨어져 우는데 그 안쪽으로 다른 개구리가 들어오면 싸움이 벌어진다.

12) 개구리 뜀뛰기가 어떻게 진화하였는지 설명하는 데는 두 가지 가설이 있다. 하나는 개구리가 물속에 있다가 천적한테서 도망갈 때 재빨리 앞으로 나아가려고 뒷다리를 써 온 결과라는 주장이다. 물속 생활에 맞춰 발달한 기능이 땅으로 나왔을 때 뜀뛰기로 바뀌었다는 것이다. 다른 하나는 땅 위에 살면서 위험할 때 물속으로 재빨리 뛰어들기 위해 발달했다는 주장이다.

13) 우리나라에 사는 개구리 무리의 살갗에서 나오는 독은 그리 세지 않다. 천적이 잡아먹지 못할 만큼 쓴맛을 내는 정도이다. 그렇지만 중앙아메리카와 남아메리카에 사는 독개구리 몇몇 종은 사람도 죽을 만큼 강한 독을 가지고 있다. 그 가운데 콜롬비아에 사는 불빛독개구리는 독 0.00001g만으로도 사람을 죽일 수 있다고 한다.

14) 개구리는 살갗 안쪽에 색소 과립이 있다. 이 색소 과립 안에 있는 멜라닌 색소가 빛의 강도와 습도에 따라 엉겨서 뭉치거나 흩어져 퍼지면서 몸빛을 바꿀 수 있다. 몸빛은 호르몬으로 조절해서 바꾸므로 금방 바뀌지 않고 천천히 바뀐다.

15) 겨울이 없는 열대 지방 양서류는 잠을 자지 않는다. 그렇지만 무더운 여름에 잠을 자기도 한다. 사막에 사는 양서류는 일 년 내내 잠을 자다가 비가 내릴 때 나와서 짝짓기를 하고 알을 낳는다. 우리나라에 사는 맹꽁이는 알을 낳고 여름잠을 자며, 두꺼비도 초봄에 알을 낳고 흙속에 들어가 봄잠을 잔다.

16) 개구리는 겨울잠을 자기 전에 먹이를 잔뜩 먹어 살을 찌운다. 겨울잠을 자는 동안에는 아무것도 안 먹고 겨우겨우 버틴다. 그래서 봄에 겨울잠에서 깨어난 개구리는 몸이 비쩍 말라 있다. 겨울잠을 자는 동안에는 심장 박동도 거의 멈추고 피도 돌지 않지만 신경 활동만 아주 약하게 한다. 때때로 잠자는 곳 온도가 영하로 내려가더라도 개구리 몸은 얼지 않는다. 겨울잠 자는 개구리는 몸속에 당분이 아주 많아서 체액의 어는점을 떨어뜨린다. 그

래서 쉽사리 몸이 얼지 않는다. 개구리는 피 1L에 당분이 45g 들어 있다. 사람은 피 1L에 당분이 4g만 넘게 들어 있어도 당뇨병에 걸린다.

17) 도롱뇽 알은 알주머니에 들어 있다. 알주머니 안에는 알을 싼 주머니가 따로 있고, 그 안에 우무질에 싸인 깨알만 한 시커먼 알이 들어 있다. 따라서 도롱뇽 알은 세 겹으로 싸여 있는 셈이다. 알주머니 길이는 12~14cm이고, 폭은 1.2cm인데 며칠이 지나면 부풀어서 1.5cm까지 된다. 알주머니 한 개에는 알이 30~80개 들어 있어 알주머니 한 쌍에는 알이 100개 안팎 들어 있다.

18) 이끼도롱뇽은 다 자라면 수컷이 10~11cm이고 암컷은 11~12cm이다. 몸은 짙은 검은 밤색이고 등은 진한 귤색이며 은백색 점이 자잘하게 나 있다. 머리는 작고 납작하며 각이 져 보인다. 눈은 툭 튀어나왔고 주둥이는 짧고 뾰족한 편이다. 몸이 가늘고 앞, 뒷발이 가늘며 발가락은 매우 짧다. 다른 도롱뇽 무리보다 발목뼈가 짧고 단단해서 돌이나 바위가 많은 땅에서도 잘 산다. 꼬리는 둥그렇고 가늘고 길다. 몸통 옆 갈비뼈 주름은 14~15개이다. 몸통과 발이 가늘고 작아 다른 도롱뇽 무리와 구별이 된다.

19) 미주도롱뇽과에 속하는 도롱뇽 무리는 전체 도롱뇽 무리 가운데 90% 이상을 차지한다. 미주도롱뇽과는 대부분 아메리카 대륙에 살고, 일부 종만 유럽의 이탈리아 지역에서 산다. 아시아 지역에서는 살지 않는다고 여겨지다가, 2005년 5월에 처음으로 우리나라에서 사는 것을 확인하였다. 미주도롱뇽과는 콧구멍에서 윗입술까지 얕은 홈(nasolabial groove)이 뻗어 있고 허파가 없는 것이 가장 큰 특징이다. 대부분 몸이 가늘고 꼬리가 길며 눈이 툭 튀어나와 있다. 이 과에 속한 종은 종류만큼이나 사는 곳도 아주 다양해서 나무 위나 물속이나 땅 위나 굴속에서 산다. 물속에서만 사는 종도 있고 물에는 전혀 안 들어가고 땅 위에서만 사는 종도 있다. 알을 낳기도 하고 새끼를 낳기도 해서 번식한다. 낮에는 대개 숨어 있고 밤에 짝짓기도 하고 먹이도 잡는다. 우리나라에서 미주도롱뇽과에 속하는 이끼도롱뇽이 발견되면서 앞으로 생물 진화의 역사나 생물지리학에 새로운 사실이 더 나올 것으로 기대하고 있다.

20) 제주도롱뇽은 다 자라면 수컷 몸길이가 7~12cm이고 암컷은 8~13cm이다. 도롱뇽과 거의 똑같이 생겼는데 몸에 점이 많고 조금 큰 듯 느껴진다. 몸통은 검은 밤색이고 밤색 점이 얼룩덜룩하게 많이 나 있는데, 눈 뒤부터 몸통 위쪽으로 뚜렷한 점이 있다. 꼬리는 몸통보다 조금 짧다. 제주도롱뇽은 아래턱에 이빨이 37~42개 나 있어 이것으로 이빨이 31~36개 나 있는 도롱뇽과 구분한다.

21) 제주도롱뇽은 2월 말에서 3월 중순에 짝짓기를 많이 한다. 도롱뇽처럼 폭이 좁은 개울이나 웅덩이에 모여서 짝짓기를 하고 알주머니를 낳는다. 알주머니는 길이가 15~20cm이고 폭은 1.4cm 안팎이다. 제주도롱뇽은 도롱뇽보다 알주머니가 크고 알을 많이 낳는다. 알주머니 한 개에 알이 많게는 105개쯤 들어 있다. 짧게는 20일에서 길게는 40일이 지나면 새끼가 깨어 나온다. 막 깨어 나온 새끼는 1cm쯤 된다. 새끼는 깨어나고 얼마 지나지 않아 앞다리와 뒷다리가 한꺼번에 나온다. 개구리 올챙이는 끊임없이 움직이지만 새끼 도롱뇽은 거의 안 움직이다가 놀랐을 때나 숨는다. 새끼 도롱뇽은 6월 말쯤 땅 위로 올라온다. 제주도롱뇽은 짝짓기 할 때만 빼고 땅 위에서 살면서 먹이를 잡아먹다가, 겨울이 되면 축축한 땅속이나 가랑잎 밑이나 썩은 나무 밑에서 겨울잠을 잔다.

22) 무당개구리는 살갗에서 쓴맛이 나는 독물이 나온다. 새나 짐승이 무당개구리를 삼켰다가 쓴 독물에 놀라 토해 내기도 한다. 비닐봉지에 무당개구리 15마리와 황소개구리를 넣어 두었더니 황소개구리가 죽었다고 한다.

23) 두꺼비는 화가 나면 눈 뒤쪽 힘줄이 불룩 솟아오르고 등에 난 오톨도톨한 돌기에서는 독이 나온다. 독은 부포타린(Bufotarin, $C_{34}H_{46}O_{10}$), 부포닌(Bufonin, $C_{34}H_{54}O_3$), 부포진(Bufogin, $C_{18}H_{24}O_4$)이라는 성분으로 이루어져 있다. 사람들은 두꺼비 독으로 구충제를 만들거나 화상이나 심장병이나 암을 치료하는 약을 만들려고 연구한다. 한의학에서는 예전부터 약으로 써 왔다.

24) 개구리는 대부분 산에서 내려와 물이 고인 웅덩이나 논에 알을 낳는다. 산에서 내려오다가 농수로에 빠져 헤어나지 못하거나 도로에서 차에 치여 죽는 일이 자주 있다. 더구나 두꺼비처럼 떼로 내려오고 올라가다가 도로에서 떼죽음을 당하기도 한다. 그래서 요즘에는 도로 밑으로 생태 이동 통로를 만들어 안전하게 오르내리게 한다.

25) 청개구리는 다른 개구리보다 살갗이 얇고 부드러워서 햇볕을 오래 쬐면 말라 죽을 수 있다. 그래서 낮에는 되도록 잘 안 움직이고 나무나 풀에 올라가서 그늘에 숨어 있다. 네 다리를 바짝 옹송그려서 배 아래에 있는 물기가 안 날아가게 한다. 청개구리는 살갗이 얇아서 날씨가 바뀌는 것을 누구보다 빨리 알아챈다고 한다. 청개구리가 울고 난 다음 날 비가 내리는 일이 많아서 '청개구리가 울면 비가 온다'는 속담이 있다.

26) 맹꽁이는 몸통이 뚱뚱한 데 비해 앞다리가 짧아서 수컷이 암컷을 껴안을 때 애를 먹는다. 그래서 짝짓기 할 때는 암컷 등과 수컷 배에서 접착제 같은 끈끈한 물이 나와서 서로 잘

붙어 있게 한다. 가끔 이 물 때문에 암컷의 등 살갗이 벗겨지기도 한다.

27) 참개구리와 금개구리가 잡아먹는 먹이를 알아봤더니 참개구리는 움직임이 굼뜬 먼지벌레나 풍뎅이를 잘 잡아먹는다. 금개구리는 오히려 날아다니고 움직임이 큰 파리나 벌을 잡아먹는다. 두 종 모두 거미를 잘 잡아먹는다. 잡아먹는 빈도수를 보면 참개구리는 딱정벌레를 자주 잡아먹었고 금개구리는 파리를 많이 잡아먹었다. 그렇지만 두 종 모두 물속 벌레는 잘 안 잡아먹고, 참개구리는 어찌된 일인지 진딧물을 잡아먹는 무당벌레는 잘 안 먹는다고 한다.

28) 옴개구리는 4월 말쯤에 울기 시작해서 6월 초에 가장 왁자하게 운다. 해가 떨어지면 수컷은 물가로 나와 울기 시작하는데 점점 소리가 높아져 시끄러워지고 자정이 지날 때까지 계속 운다. 수컷은 몸통 위쪽을 들고 울기 때문에 몸통 전체를 땅에 대고 있는 암컷과 구별된다. 수컷끼리는 20~50cm쯤 떨어져 있다. 암수 비율을 조사해 보니 1:8로 수컷이 많았다.

29) 우리나라에 사는 산개구리 무리는 생김새가 엇비슷하고 생김새 변화도 다양해서 쉽게 구분하지 못한다. 특히 산개구리와 계곡산개구리는 서로 같은 종으로 여겨지다가 2000년에서야 다른 종으로 밝혀졌다. 한국산개구리는 2n = 26개 염색체를 가졌지만, 산개구리와 계곡산개구리는 2n = 24개 염색체를 가졌다. 산개구리와 계곡산개구리는 아래턱에 얼룩덜룩한 무늬가 나 있는데 한국산개구리는 거의 없다. 한국산개구리 윗입술에는 하얀 윗입술선이 나 있다. 고막 지름 크기를 비교해 보면 한국산개구리와 산개구리는 고막 크기가 눈 길이의 2/3~3/4쯤 되는데 계곡산개구리는 1/2쯤 된다. 물갈퀴도 계곡산개구리는 아주 잘 발달하였지만 한국산개구리는 보잘것없다. 한국산개구리는 정강이 길이보다 발길이가 더 길다.

30) 황소개구리는 미국 사우스캐롤라이나 주에서 사는데 고기를 먹으려고 세계 여러 나라에서 들여다 길렀다. 우리나라는 1971년에 일본에서 들여와 기르다가 온 나라로 퍼졌다. 전국의 저수지, 댐, 강, 하천뿐만 아니라 강화도 같은 몇몇 섬에서도 산다. 황소개구리처럼 다른 나라에서 들어와 스스로 번식하며 살게 된 동물을 '귀화동물'이라고 한다.

31) 온 나라에 퍼진 황소개구리는 우리 땅에서 사는 온갖 동물을 마구 잡아먹는다. 황소개구리가 142종이나 되는 동물을 잡아먹는다는 조사가 나왔다. 곤충류가 가장 많고 달팽이, 물고기, 새우, 개구리, 거미, 지네, 뱀 차례로 많이 잡아먹는다. 이처럼 뱀까지 닥

치는 대로 잡아먹는 황소개구리는 따로 천적이 없어서 우리나라 생태계 질서를 망쳐 놓고 있다. 우리나라 생태계를 보호하려고 사람들이 황소개구리를 잡아 없애는 운동을 벌이기도 하였다.

32) 파충류 살갗에는 땀이나 냄새가 나오는 구멍이 없지만 몇몇 파충류는 특이한 냄새를 풍기기도 한다. 악어는 목 아래에서 사향 냄새가 나는 분비물을 내뿜는다. 민물거북은 턱이나 뒷다리에서 고약한 냄새가 난다. 장지뱀 무리는 사타구니에 페로몬을 내뿜는 기관이 있다. 우리나라에 들여와 집에서 기르던 붉은귀거북도 크면서 몸에서 나쁜 냄새가 나자 사람들이 그냥 내다 버리면서 온 나라에 퍼졌다.

33) 도마뱀 뼈대는 머리, 몸통, 꼬리로 이루어지고 엉덩이뼈와 어깨뼈가 있다. 머리뼈는 서로 느슨하게 붙어 있고 아래턱은 단단히 붙어 있다. 뱀은 다리가 없어져서 엉덩이뼈와 어깨뼈가 없다. 뱀은 척추뼈가 아주 많아서 긴 몸통을 여기저기 마음껏 구부리며 움직일 수 있다. 종에 따라 척추뼈가 150~430개나 되는데, 강하면서 부드러운 연골이 척추뼈 사이에 있어서 축구공도 감을 수 있다. 척추뼈에는 갈비뼈가 한 쌍씩 꼬리 앞쪽까지 붙어 있다. 갈비뼈끼리는 서로 이어져 있지 않아서 바깥쪽으로 벌릴 수 있다. 뱀이 커다란 음식을 삼키면 갈비뼈는 위가 늘어날 수 있도록 옆으로 벌어진다. 뱀은 위턱과 아래턱이 근육으로 느슨하게 이어져 있어 붙었다 떨어졌다 한다. 그래서 큰 먹이를 삼킬 때 입을 크게 벌릴 수 있다. 또 오른쪽, 왼쪽 아래턱이 인대로 이어져 있어서 번갈아 움직일 수 있다. 거북에게는 등딱지와 배딱지가 있다. 등딱지는 살갗이 바뀌어서 생긴 몇 개의 뼈로 되어 있다. 등딱지와 배딱지는 몸 안쪽에 있는 허리뼈와 가슴뼈로 연결되어 있다. 갈비뼈와 척추뼈가 등껍질 안쪽에 붙어 있다.

34) 뱀은 재빠르게 움직이는 것 같지만 다른 동물과 견주어 보면 매우 느리게 움직인다. 대님뱀과 비단구렁이는 1시간에 겨우 1.5km 정도를 갈 수 있다. 가장 빠른 뱀은 아프리카검은맘바로 짧은 거리일 때 시속 11km쯤 속력을 낸다. 사람은 짧은 거리에서 시속 16~24km의 속력을 낸다. 뱀이 움직일 때는 배 비늘이 중요한 구실을 한다. 배 비늘은 몸통 비늘과 달리 넓적하고 네모나다. 뱀은 네 가지 방법으로 움직인다.
 ① 측면 물결 운동 (Lateral undulation) : 뱀이 가장 흔하게 움직이는 방법이다. 뱀은 머리부터 꼬리까지 왼쪽, 오른쪽으로 물결을 만든다. 몸은 식물이나 바위, 잔가지 겉의 거친 곳을 누르며 앞으로 나아간다. 모든 뱀은 측면 물결 운동으로 움직이면서 헤엄을 칠 수도 있다.
 ② 직선 이동 (Rectilinear movement) : 직선 이동은 근육을 오므려서 배 비늘을 앞

으로 밀어 내며 기어가는 방법이다. 비늘 뒤쪽의 뾰족한 곳이 나무껍질이나 땅의 거친 곳을 잡는다. 이런 방법으로 나무에 오르거나 좁은 구멍을 지나간다. 아프리카독사와 비단구렁이처럼 몸통이 두꺼운 뱀은 땅 위를 기어갈 때 직선 이동을 한다.
③ 콘서티나 이동 (Concertina movement) : 콘서티나 이동은 주로 나무를 오르거나 부드러운 곳에서 움직이는 뱀에게서 볼 수 있다. 몸을 웅크렸다가 앞쪽으로 쭉 펴면서 나아간다. 마치 아코디언이 접혔다 펴졌다 하듯이 나아간다.
④ 사행 운동 (Sidewinding) : 사행 운동은 모래흙이나 사막에서 사는 북아메리카의 사이드와인더와 아프리카의 양탄자살모사와 뿔살모사 같은 뱀에게서 볼 수 있다. 뱀은 머리와 꼬리를 지지대처럼 쓰면서 몸통을 땅 위에 미끄러뜨려 옆으로 움직인다.
⑤ 특이한 이동 방식 : 몇몇 뱀은 도망칠 때 몸을 감고 있다가 재빠르게 펴면서 앞이나 옆으로 던지듯이 몸을 날리기도 한다. 아시아 남부에 사는 활강뱀은 높은 나뭇가지에서 낮은 곳이나 다른 나무로 몸통을 넓게 펴고 뛰어내린다.

35) 눈과 코 사이에 있는 온도 감지 기관을 피트 기관이라고 한다. 1937년에 미국의 생물학자인 노벨과 스미스는 살모사 앞에서 전구를 켰다 껐다 하며 반응을 살폈다. 전구를 켜서 뜨거워지면 살모사가 물려고 대들다가 꺼지면 아무런 반응을 안 보였다. 또 다른 실험에서 노란색 풍선과 빨간색 풍선 속에 뜨거운 물을 번갈아 넣었더니, 뜨거운 물이 들어 있는 풍선만 공격하려고 하였다. 그러나 양쪽 피트 기관에 반창고를 붙여 놓았더니 아무런 반응이 없었다. 이 결과 피트 기관은 열을 느끼는 것으로 밝혀졌다. 살모사 무리와 방울뱀, 피톤, 보아뱀 무리에게 피트 기관이 있다. 살모사 무리는 눈과 콧구멍 사이에 구멍이 두 개 있고, 왕뱀과 비단구렁이는 위턱 입술에 구멍이 여러 개 나 있다. 피트 기관 안에는 두께가 0.025mm밖에 안 되는 얇은 막이 있어서 온도가 0.003℃ 바뀌는 것까지 느낄 수 있다. 그래서 깜깜한 밤에도 먹이의 체온을 느끼고 쫓아가고, 앞이 하나도 안 보이는 깜깜한 쥐 굴에서도 잽싸게 사냥을 할 수 있다.

36) 뱀은 온 세계 거의 모든 곳에 산다. 사막, 강, 바다, 호수, 숲 어디에나 산다. 저마다 사는 곳에 알맞게 생겼으며 사는 곳에 맞춰 잘 적응하며 산다. 뱀은 대부분 땅에서 살고 몇몇 종은 땅속에서도 산다. 또 어떤 뱀은 물속에 들어가 살고 또 다른 뱀은 나무 위에서 시간을 보낸다. 뱀은 일 년 내내 땅이 얼어붙어 있는 극지방과 산꼭대기 지역에서는 안 산다. 또 아일랜드와 뉴질랜드 같은 섬에서도 안 산다.
① 땅속에서 사는 뱀 : 장님뱀은 대부분 땅속에서 살면서 개미나 흰개미와 그 알을 먹고 산다. 땅 위로 거의 안 올라오지만, 비가 오면 밤에 가끔 밖으로 나오기도 한다. 카라바피톤도 장님뱀의 한 종류인데 죽은 나무 부스러기 속에서 종종 발견된다.

② 땅 위에서 사는 뱀 : 뱀은 대부분 땅 위에서 산다. 열대 우림과 사막, 사바나, 관목 숲 지대 그리고 산림 지대에서 산다. 몇몇 종은 몸집이 아주 크지만, 또 다른 종은 가늘게 생겼다. 땅 위에서는 천적에게 쉽게 들키기 때문에 다른 곳에 사는 뱀보다 빠르게 움직인다. 우리나라에 사는 뱀은 대부분 땅 위에서 산다.

③ 나무 위에서 사는 뱀 : 다른 곳에 사는 뱀과 달리 나무와 나무를 옮겨 다녀야 하므로 몸통이 매우 가늘고 긴데 유난히 머리 쪽이 더 가늘고 길다. 나무에서 안 떨어지려고 옆구리와 배 비늘 사이 근육이 다른 뱀보다 더 튼튼하고 나뭇가지를 쉽게 잡을 수 있도록 꼬리가 발달하였다. 나무 위에 사는 뱀은 저마다 좋아하는 나무 높이가 다르다. 서아시아의 날아다니는 뱀은 나무 꼭대기를 좋아한다. 남미 나무보아뱀, 오스트레일리아에 사는 녹색피톤과 녹색맘바 같은 종은 매우 높은 곳을 좋아해서 나무 꼭대기까지 기어 올라가기도 한다. 나무에 사는 뱀은 사냥을 하거나 천적에게서 달아나려고 나무 사이를 옮겨 다닌다. 꼬리를 나무에 감고 옮겨 갈 나뭇가지에 슬그머니 머리를 감고 넘어간다. 보르네오 열대 우림에 사는 파라다이스나무타기뱀은 몸통을 옆으로 활짝 펴서 미끄러지듯이 새처럼 난다. 우리나라에 사는 뱀 가운데는 누룩뱀과 능구렁이가 나무를 잘 탄다.

④ 물가에서 사는 뱀 : 많은 뱀이 물기가 있는 곳을 좋아해서 아프리카의 물코브라와 아시아의 코끼리뱀은 평생을 물에서 산다. 우리나라에 사는 무자치도 물을 좋아한다. 물에 사는 뱀은 민물에도 살고 바다에도 산다. 아프리카물뱀은 헤엄을 아주 잘 치고, 녹색아나콘다는 아주 여유롭게 헤엄친다. 바다에 사는 바다뱀은 꼬리가 배를 젓는 노처럼 생겼고 눈과 배 비늘이 아주 작다. 콧구멍은 머리 꼭대기에 있어서 코만 내놓고 숨을 쉰다. 콧구멍은 바닷물이 허파로 들어가는 것을 막아 준다.

37) 모든 파충류는 교미를 해서 체내수정을 한다. 옛도마뱀은 수컷과 암컷이 총배설강을 맞대고 짝짓기를 하지만, 다른 파충류는 생식기가 따로 있다. 거북 무리와 악어 무리는 생식기가 한 개이지만 도마뱀 무리와 뱀 무리는 반음경(hemipenes)이라는 생식기가 한 쌍 있다. 일부 뱀과 거북 암컷은 정자를 오랫동안 몸속에 둘 수 있어서 한 해 동안 따로 기른 암컷이 유정란을 낳는 것이 몇 번 관찰되었다. 파충류는 온도나 낮 길이 같은 환경이 바뀌면 번식에 영향을 받는다. 열대에 사는 종은 일 년에 한두 번 번식하고, 유럽 북부에 사는 유럽북살모사처럼 안 좋은 기후에서 사는 파충류 가운데에는 2년에 한 번이나 그보다 더 드물게 번식하는 것도 있다.

38) 파충류는 대부분 알을 낳으면 돌보지 않고 그대로 두지만, 코브라 같은 몇몇 뱀은 알 옆에 있으면서 알을 돌본다. 코브라는 수컷이 알을 돌보고, 비단구렁이 암컷은 몇 주 동

안 몸을 서리고 알을 품는다. 다른 몇몇 종은 어미가 몸 근육을 움츠려 열을 내면서까지 알을 따뜻하게 한다. 다이아몬드비단구렁이는 알을 서리고 있다가 몸이 차가워지면 밖으로 나가 햇볕을 쬐고 돌아와서 알을 서린다. 우리나라에서는 누룩뱀과 구렁이가 알을 감싸고 보호한다. 요즘에는 악어 무리에서 부모가 새끼를 여러모로 보살피는 예가 관찰되었다. 새와 달리 알을 품지는 않지만 보호하는 이런 현상을 양육행동(Brooding care)이라고 한다.

39) 파충류는 대부분 알을 낳지만 꽤 많은 도마뱀 무리와 뱀 무리가 새끼를 낳기도 한다. 이를 '난태생'이라고 한다. 어미 몸 안에서 처음에는 알이었다가 어린 새끼가 되어 태어난다. 파충류 가운데 새끼를 낳는 종은 20%쯤 되는데 독이 있는 살모사와 방울뱀과 코브라 종류에서 볼 수 있다. 새끼는 얇은 막에 싸여 태어나는데, 코 부분에 뾰족하게 나 있는 난치로 막을 뚫고 나온다. 이 막을 뚫지 못해 숨이 막혀 죽기도 한다. 거의 모든 바다뱀 무리는 난태생이어서 바다거북처럼 알을 낳기 위해 뭍으로 올라오지 않아도 된다. 이러한 번식 방법은 위도가 높거나 고도가 높은 곳에 사는 파충류에게서 널리 찾아볼 수 있다. 이러한 기후에서는 어미가 태아가 발생하기 가장 좋은 곳을 찾아갈 수 있어서 난태생이 유리하다.

40) 뱀은 항온동물과 다르게 체온을 유지하려고 먹이를 많이 먹을 필요가 없다. 또 적게 움직이고 에너지를 조금씩 써서 오랫동안 아무것도 안 먹어도 살 수 있다. 게다가 뱀에게는 지방을 모아 두는 넓은 조직이 있다. 먹이를 못 먹을 때는 오랫동안 이 지방으로 살아간다. 동물원이나 실험실에서 사는 뱀은 때때로 몇 달 동안이나 안 먹는다. 왕뱀과 비단구렁이 같은 큰 뱀은 일 년이나 안 먹고 살 수 있다. 작은 뱀도 6~12주 동안 안 먹고 지낼 수 있다.

41) 주위 온도에 따라 체온이 바뀌는 변온동물은 햇볕을 쬐면서 몸 안에 있는 효소가 활동하게 하여 먹이를 소화시킨다. 해바라기로 체온을 안 높이면 잡아먹은 먹이가 몸 안에서 썩어 자칫하면 목숨을 잃을 수 있다. 장지뱀 무리는 먹이를 잡아먹으면 햇볕을 더 많이 흡수하려고 몸빛이 짙어진다. 뱀은 기온이 10℃ 밑으로 내려가면 소화를 못 시킨다. 그래서 날씨가 추워지면 반드시 햇볕을 쬐어 체온을 올려야 한다. 체온이 올라가지 않으면 가끔 잡아먹은 먹이를 게워 내기도 한다. 거북 무리도 자주 물에서 나와 돌 위에 올라가 햇볕을 쬐며 체온을 올리고 등딱지에 붙은 기생충도 없앤다.

42) 뱀은 모두 육식성이어서 식물을 먹는 뱀은 없다. 뱀은 쥐나 토끼, 도마뱀, 개구리, 새,

물고기를 잡아먹고 뱀끼리 서로 잡아먹기도 한다. 어떤 종은 한 가지 먹이만 먹는다. 아시아에 사는 달팽이뱀은 달팽이만 먹고 산다. 미국 계란뱀과 인도에 사는 계란도둑뱀은 새알을 먹는다. 실장님뱀은 작은 입으로 흰개미만 잡아먹는다. 뱀은 먹이를 통째로 삼켜도 털과 깃털 같은 것을 빼고 뼈까지 모두 소화시킨다. 뼈는 72시간 안에 깨끗이 소화된다. 똥은 총배설강이라고 불리는 관으로 나온다. 암컷은 총배설강으로 알을 낳는다. 총배설강은 다른 배 비늘과 달리 둘로 나뉘어 있어서 꼬리와 몸통을 나눈다.

43) 도마뱀 무리는 곤충, 양서류, 포유류, 조류와 기타 파충류를 잡아먹는다. 이구아나처럼 식물만 먹는 종은 전체 종의 2%밖에 안 된다. 몸집이 작은 도마뱀과 장지뱀 무리는 작은 벌레를 잡아먹는다. 카멜레온은 나뭇가지를 오가면서 벌레를 잡아먹는다. 몸집이 큰 코모도왕도마뱀은 덩치 큰 짐승과 사람까지도 잡아먹을 수 있다. 바다이구아나는 도마뱀 무리 가운데 유일하게 바닷물 속에 들어가 미역이나 다시마 따위만 뜯어 먹는다.

44) 거북은 대부분 잡식성인데 몇몇 종은 한 가지 먹이만 먹고 산다. 선인장거북은 선인장만 먹고 살고 초록바다거북과 몇몇 거북은 식물만 먹고 산다. 민물거북 무리는 물속 벌레나 연체동물, 민물고기 따위를 먹고 죽은 동물을 먹기도 한다. 우리나라에 사는 남생이와 붉은귀거북은 잡식성이고 자라는 육식성이다. 잡식성인 거북은 나이가 들면서 식성이 바뀌기도 한다. 어릴 때는 벌레를 많이 잡아먹다가 어른이 되면 식물이나 연체동물만 먹기도 한다. 거북은 숨어서 먹이가 가까이 오기를 기다리기도 하고 먹이를 쫓아가서 잡기도 한다. 숨어서 먹이를 잡는 거북은 몸빛이 눈에 잘 안 띈다. 가만히 누워 기다리다가 갑자기 긴 목을 뻗어 먹이를 물어 잡는다.

45) 우리나라에 사는 누룩뱀은 햇볕을 쬐려고 바위 위에 똬리를 틀고 있으면 바위 색깔과 비슷해서 알아채기 힘들다. 그래서 지방에 따라서는 누룩뱀을 돌 위에 핀 꽃이라는 뜻으로 석화사(石花蛇)라고 한다. 유혈목이는 초록색 몸통에 붉은 꽃무늬 같은 반점이 많이 나 있어서 풀밭에 있으면 눈에 잘 안 띈다. 우리나라에서는 남쪽으로 갈수록 꽃이 일찍 피어서 유혈목이는 몸통에 붉은 반점이 더 많고 북쪽으로 갈수록 초록색이 많다. 그래서 사람들은 북쪽 지방에 사는 유혈목이를 청사(靑蛇)라고도 한다. 아무르장지뱀이나 줄장지뱀은 가랑잎 색깔과 똑같아서 쉽사리 눈에 띄지 않는다.

46) 많은 뱀이 적이 나타나면 위협하는 소리를 낸다. 어떤 뱀은 숨을 내쉬면서 큰 소리로 쉭쉭거릴 수 있다. 방울뱀은 꼬리를 울려서 특이한 소리를 낸다. 아프리카 톱비늘독사는 몸통 옆 비늘을 서로 비벼서 거친 소리를 낸다. 우리나라에 사는 살모사 무리도 가랑잎이

나 가까이 있는 물체를 치면서 꼬리를 떤다. 어떤 뱀은 적을 쫓기 위해 위협하는 자세로 바꾼다. 코브라는 목을 들어 올리고 목덜미를 넓게 편다. 북아메리카 돼지코뱀과 인디고뱀은 목을 넓게 펴고 숨을 들이마셔 몸을 부풀린다.

독이 없는 뱀은 독사를 흉내 내서 천적을 피하기도 한다. 어떤 종은 독사처럼 행동하기까지 한다. 왕뱀과 레트뱀은 마른 나뭇잎에 꼬리를 치면서 마치 방울뱀처럼 소리를 낸다. 아프리카에 사는 뱀은 몸통 비늘을 서로 비비면서 톱비늘독사처럼 소리를 낸다. 아시아에 사는 뱀은 인도코브라처럼 목덜미를 넓게 편다. 독이 없는 무자치도 머리를 세모꼴로 만들어서 독사 흉내를 낸다.

47) 아프리카에 사는 코브라는 독을 멀리 뿜을 수 있다. 이 뱀은 2~2.5m 떨어진 천적 눈에 독을 뿜는다. 독이 눈에 들어가면 아주 고통스럽고 화끈거리면서 눈이 멀기도 한다.

48) 거북은 등딱지를 짊어지고 있어서 느릿느릿 걷는다. 땅 위에서 사는 사막고파거북은 시속 0.22~0.48km 속도밖에 못 낸다. 갈라파고스황소거북은 하루에 6.4km를 걷는다. 그런데 물속에서는 달리기하는 사람보다 빠르게 헤엄친다. 바다에 사는 바다거북은 한 시간에 30km쯤 헤엄칠 수 있다. 거북은 물속에서 물 바닥을 걷기도 하고 헤엄을 치기도 한다. 물 바닥을 걸을 때는 땅 위에서처럼 걷는다. 헤엄을 칠 때는 네 다리를 번갈아 움직이고 빠르게 헤엄칠 때는 마주 보는 앞발과 뒷발을 한꺼번에 움직여 원하는 곳으로 단숨에 나아간다. 바다거북 무리와 자라 사촌이 헤엄을 가장 잘 친다.

49) 물속에 사는 거북은 허파 호흡을 하지만 살갗과 목구멍 안쪽, 총배설강 안에 있는 '점액낭'이라는 주머니로도 숨을 쉰다. 남생이는 오줌보 양쪽에 넓은 막으로 된 주머니가 있는데, 이 주머니에는 모세혈관이 아주 많아서 물속에서 산소를 얻는다.

50) 거북 무리에는 머리를 집어넣을 수 있는 무리와 그렇지 못한 무리가 있다. 한자말로 '곡경류'와 '잠경류'라고 한다. 잠경류는 우리가 흔히 알듯이 머리를 피스톤처럼 몸속으로 쏙 숨기기도 하고 내뻗기도 하는 거북 무리를 말한다. 우리나라에 사는 자라와 남생이와 붉은귀거북은 모두 잠경류이다. 곡경류는 목을 옆으로 구부려서 머리를 등딱지 밑으로 숨긴다. 곡경류는 밖에서도 목 길이가 얼마나 되는지 어림할 수 있는데, 잠경류는 몸속으로 머리와 목을 숨기기 때문에 그 길이가 얼마나 되는지 잘 모른다.

51) 자라는 예로부터 사람들이 몸이 아프거나 기운이 없을 때 약으로 써 왔다. 고기 맛이 좋고 영양가가 높아 예전에는 자라가 배를 끌며 간 자국을 보고 쫓아가서 잡았다. 지금은 사

람들이 약으로 쓰려고 자라를 기른다. 오래전부터 사람들은 자라에 대해서 자세하게 적어 놓았다. '규합총서'에는 자라 요리 이야기가 나오고, '난호어목지'와 '전어지'에는 생김새와 사는 모습을 잘 적어 놓았다. '동의보감'에는 약효를 자세히 적어 놓았다.

52) 거북 무리는 척추동물 가운데 가장 오래 사는 무리이다. 야생 상태로 40~75년쯤 살 것으로 짐작한다. 사육 상태에서는 유럽늪거북이 70년 살았고 미국산거북이나 악어거북은 60년, 오스트레일리아 뱀목거북과 서아프리카 가로목거북과 점박이거북 따위는 40년을 살았다. 붉은바다거북은 사육 상태에서 33년을 산 적이 있다. 기록을 보면 다 자란 바다거북 암컷이 20년 동안 같은 곳으로 알을 낳으러 돌아왔다. 갈라파고스황소거북은 100년 이상 사는 것으로 알려져 있는데, 거북의 평균 수명은 48년 안팎이다.

53) 바다거북은 바닷속 200m 깊이에서도 오랫동안 거뜬히 산다. 바다거북은 체지방을 글리코겐으로 바꿔서 산소 없이도 오랫동안 헤엄칠 수 있다.

54) 바다거북은 땅에 사는 남생이나 붉은귀거북과 발 생김새가 다르다. 남생이나 붉은귀거북은 앞뒤 발에 발톱이 있고 물갈퀴가 있지만, 바다거북은 발톱이 없고 네 발 모두 노처럼 길쭉하다. 또 바다거북은 머리를 등딱지 속으로 집어넣을 수 있지만 네 다리는 못 집어넣는다. 몸이 무거워서 뒤집히면 일어나지 못한다. 바다거북은 겨울잠을 안 자고 이리저리 바다를 헤엄쳐 다닌다.

55) 한 무리를 계속 이어 가는데 암컷과 수컷 비율은 아주 중요하다. 많은 동물은 수정이 되면서 암컷인지 수컷인지 결정된다. 그런데 바다거북 새끼가 암컷이 되느냐 수컷이 되느냐는 온도에 따라 달라진다. 모래 속 온도가 낮으면 수컷이 되고 높으면 암컷이 된다. 암컷과 수컷이 1:1 비율로 태어나는 온도는 종이나 지역을 가리지 않고 9℃ 안팎이다. 여기저기에서 깨어난 새끼들의 성비를 조사했더니, 대서양 플로리다에서는 암컷만 깨어났고, 그보다 북쪽인 조지아나 사우스캐롤라이나에서는 암컷 비율이 10~80% 사이라고 보고되었다. 일본 옥미 반도에서는 선선했던 1993년 여름에는 수컷만 깨어났고, 아주 뜨거웠던 1994년 여름에는 모두 암컷만 깨어났다. 이처럼 바다거북 무리의 성은 알 낳는 곳의 온도에 따라 뚜렷이 달라지며, 그런 환경에서 어떻게 종이나 개체군이 끊임없이 살아남았는지가 흥미로운 일이다.

56) 우리나라를 찾아오는 바다거북 비교

종명 \ 생태	먹이	알 낳는 때	알 수	등껍질 길이	몸무게	특징	수명
바다거북	잡식성	5월~8월	120~130개	70~120cm	150~300kg	등껍질에 푸른빛이 돈다.	30년 이상
붉은바다거북	조개류 연체동물 갑각류	5월~8월	100~120개	69~103cm	120kg	온몸에 붉은빛이 돈다.	30년 이상
장수거북	육식성	3월~9월	90~150개	120~190cm	650kg	세계에서 가장 큰 거북이다. 바닷속 1,000m 까지 자맥질 할 수 있다.	아직 모른다.

57) 줄장지뱀은 10월 말쯤부터 겨울잠을 자러 들어가서 다음 해 3월 말쯤에 땅 위에 나타난다. 겨울을 나는 굴은 깊이가 30~40cm이다. 겨울잠에서 깨어난 줄장지뱀은 한낮에 굴 밖으로 나와 햇볕을 쬐는데 아직까지 움직임이 느리다. 4월까지 겨울잠을 잔 굴을 떠나지 않고 먹이를 잡아먹는다. 4월 말쯤 되면 겨울을 난 굴을 떠나 돌구멍이나 흙 틈 같은 임시 굴로 옮겨 애벌레나 귀뚜라미나 달팽이 새끼나 거미를 잡아먹는다.

58) 구렁이는 포유류, 조류, 양서류를 많이 잡아먹는다. 달별로 먹이를 조사해 봤더니, 새가 알을 까는 5월에는 포유류 47%, 조류 53%였고 6월에는 포유류 83%, 양서류 17%였다. 7~10월에는 포유류가 100%이다. 먹이를 개체별로 나눠 봤더니 쥐 무리가 86%, 참새가 11%, 개구리가 3%이다. 농사에 해를 주는 쥐와 참새를 많이 잡아먹는다.

59) 세계에서 가장 큰 뱀은 그물무늬피톤과 아나콘다이다. 두 종은 몸길이가 9m가 넘는다. 몸무게도 그물무늬피톤은 115kg이고, 아나콘다는 180kg쯤 된다. 세계에서 가장 작은 뱀은 장님뱀, 지렁이뱀, 실뱀 무리에서 볼 수 있다. 이러한 뱀은 몸길이가 15cm를 안 넘는다. 서부아시아와 마다가스카르의 부라미니장님뱀과 독일의 화분뱀은 12.5cm밖에 안 자라 세계에서 가장 작은 뱀으로 기록되었다. 우리나라에서는 구렁이가 가장 크고 대륙유혈목이가 가장 작다.

60) 뱀은 입천장 안쪽에 속이 빈 주머니 모양 기관이 두 개 있다. 이를 '야콥슨 기관'이라고 한다. 이 기관으로 냄새도 맡고 맛도 느낀다. 혀를 날름거리면서 공기 중에 있는 냄새를 묻혀 오면 야콥슨 기관에서 냄새를 맡는다. 혀끝이 두 갈래로 갈라져서 양쪽에 있는 야콥슨

기관이 냄새를 더 잘 맡을 수 있다.

61) 밤에 돌아다니는 능구렁이와 살모사 무리는 고양이처럼 눈이 위아래로 째졌다. 어두운 곳에서는 동그랗게 커지고 밝은 곳에서는 가늘어진다. 눈이 째진 뱀은 대부분 독이 있다. 눈이 동그란 뱀은 낮에 나와 돌아다니고 대개 독이 없다. 눈 생김새와 상관없이 뱀은 눈꺼풀이 없어서 언제나 눈을 뜨고 있다. 눈꺼풀이 없지만 투명한 비늘이 눈동자를 덮고 있다. 이것 때문에 뱀 눈에는 먼지나 티가 안 들어가고 물속에서도 잘 볼 수 있다. 허물을 벗을 때 눈동자 비늘도 함께 벗겨진다. 눈꺼풀이 없으니까 눈을 뜨고 자는데 눈동자가 오므라든다.

62) 대륙유혈목이는 몸이 약해서 상자나 주머니에 넣고 햇볕이 내리쬐는 곳에 두면 몇 분이 안 지나 죽고 만다. 몸집이 작아서 다른 뱀보다 체온이 빨리 올라가기 때문이다. 대륙이라는 이름은 대륙 기질을 가지고 건강하고 오래 잘 살라는 뜻에서 붙였다.

63) 제주도에는 대륙유혈목이와 매우 닮은 비바리뱀이 산다. 언뜻 봐서는 구별이 잘 안 되는데, 비바리뱀은 머리 뒤쪽으로 검은 무늬가 댕기처럼 나 있다. 대륙유혈목이는 논두렁이나 물가를 좋아하지만 비바리뱀은 언덕이나 산등성이처럼 메마른 곳을 좋아한다. 비바리뱀은 제주도에서만 살고 다른 곳에서는 발견되지 않았다. 제주도에서도 그 수가 아주 적어서 멸종위기종이다.

64) 살모사라는 이름은 새끼가 어미를 잡아먹는 뱀이라는 뜻이다. 살모사는 한여름에 새끼를 낳는다. 어미는 무더운 한여름에 새끼를 낳느라고 힘을 다 써서 지쳐 있다. 축 처진 어미 곁에서 새끼 여러 마리가 입을 벌리고 하품하는 모습이 어미를 잡아먹는 듯이 보였나 보다. 옛날 사람들이 이 모습을 보고 이름을 지었다지만 실제로 그런 일은 없다.

65) 뱀이 얼마나 오래 사는지는 정확히 모른다. 그래서 사육실에서 기른 기록과 야생에서 관찰되는 뱀을 비교해서 추측할 뿐이다. 실험실이나 동물원에서 기른 뱀은 야생 상태보다 서식 조건이 좋고 천적이 없어서 수명이 훨씬 길다. 기록으로 보면 보아뱀이 40년쯤 살아서 가장 오래 사는 것으로 알려졌다. 아나콘다나 코브라도 20년 넘게 산다. 우리나라에 사는 뱀이 얼마나 오래 사는지는 아직 정확하게 알려지지 않았다.

참고한 책

단행본

《과학앨범 7 - 개구리와 두꺼비》 웅진출판주식회사, 1988
《꿈꾸는 푸른 생명 거북과 뱀》 심재한, 다른세상, 2002
《동물대백과 10 - 양서·파충류》 윤일병, 아카데미서적, 1988
《동물원색도감》 과학백과사전출판사, 1982
《동물의 세계》 정봉식, 금성청년출판사, 1981, 평양
《라이프 네이처 라이브러리 - 파충류》 한국일보타임-라이프, 1979
《물뭍을 오가는 동물 개구리》 현대출판사, 2005
《뱀》 백남극, 심재한, 지성사, 2002
《비주얼 박물관 파충류》 웅진미디어, 1993
《생명을 노래하는 개구리》 심재한, 다른세상, 2001
《세계의 동물-양서류·파충류》 윤일병, 동아출판사, 1986
《세밀화로 그린 보리 어린이 동물도감》 보리출판사, 1998
《아동백과사전(1~5)》 과학백과사전종합출판사, 1993, 평양
《어린이 동물백과》 김정만 외, 베텔스만, 2003
《열려라 개구리나라》 고선근, 지성사, 2002
《우리 개구리》 김종범, 채우리, 2002
《우리나라 동물》 과학원 생물학 연구소 동물학 연구실, 과학지식보급출판사, 1963, 평양
《우리나라 위기 및 희귀동물》 과학원마브민족위원회, 2002, 평양
《우리말 갈래사전》 박용수, 한길사, 1989
《조선량서파충류지》 원홍구, 과학원출판사, 1971
《조선말대사전》 사회과학출판사, 1992, 평양
《조선의 동물》 원홍구, 주동률, 국립출판사, 1955
《파충류와 양서류》 마크 오시, 팀 할리데이, 두산동아, 2005
《학생과학소사전 2》 금성청년출판사, 1980
《한국동식물도감 제17권 동물편(양서·파충류)》 문교부, 1975
《한국민족문화대백과사전》 한국정신문화연구원, 1995
《한국방언사전》 최학근, 명문당, 1994
《한국의 양서류》 양서영 외, 아카데미서적, 2001

교과서

《슬기로운 생활 1-1》한국 교육 과정 평가원, 대한 교과서 주식 회사, 2000
《슬기로운 생활 2-2》한국 교육 과정 평가원, 대한 교과서 주식 회사, 2000
《자연 체험활동-자연과 함께 놀아요 2》자연체험활동 집필위원회, 경상 남도 교육청, 2003
《자연 인민학교 3》교육도서출판사, 1995, 평양
《과학 4-2》한국 교육 과정 평가원, 대한 교과서 주식 회사, 2003
《과학 5-2》한국 교육 과정 평가원, 대한 교과서 주식 회사, 2002
《과학 6-1》한국 교육 과정 평가원, 대한 교과서 주식 회사, 2002
《과학 6-2》한국 교육 과정 평가원, 대한 교과서 주식 회사, 2003
《중학교 환경》최동형 외, 대한교과서(주), 2005
《중학교 과학 1》정창희 외, (주)교학사, 1995
《생물 고등중학교 2》교육도서출판사, 1990, 평양
《중학교 과학 3》김정률 외, (주)블랙박스, 2005

논문

꼬리치레도롱뇽의 식성에 관하여, 수선논집 제5편, 백남극, 1979
남생이 알의 관찰 사례, 한국토양동물학회지 8(1, 2), 이원구, 2003
도롱뇽과 꼬리치레도롱뇽의 먹이자원 및 생활사에 관한 연구, 환경생물학회지 14(2), 윤일병, 이성진, 양서영, 1996
무당개구리의 음성학적 특성 및 짝짓기행동, 한국교원대학교 대학원, 김찬곤, 1996
무미 양서류 금개구리의 현지 내,외 보전 및 복원 전략에 관한 연구, 인천대학교 대학원, 이상철, 2004
무미양서류의 방어수단에 관한 행동 및 생리학적 연구, 연세대학교 대학원, 이성호, 1996
산개구리류 4종의 형태적 비교, 환경생물학회지 23(2), 송재영, 장민호, 정규회, 2005
수입종 황소개구리의 분포, 식성과 생식세포형성주기에 관한 연구, 산림과학논문집 57, 김혜숙, 고선근, 1998
옴개구리의 영역 방어행동과 번식에 대한 연구, 한국교원대학교 교육대학원, 정진성, 2001
청개구리 수컷의 짝짓기 울음과 생식 전략, 서울대학교 대학원, 박규범, 1997
청개구리와 무당개구리의 식성 및 생활사에 관한 연구, 환경생물학회지 14(1), 윤일병, 이성진, 양서영, 1996
평택지역에 서식하는 청개구리와 수원청개구리의 Call 특성과 분포상태, 한국교원대학교

대학원, 박종환, 1998
한국산 금개구리의 Call 형태와 음성학적 행동연구, 한국교원대학교 대학원, 이병근, 1998
한국산 꼬리치레도롱뇽에 관한 연구, 제25회 전국 과학 전람회, 백남극, 이규철
한국산 맹꽁이의 생태 연구, 한국교원대학교 대학원, 황영숙, 2000
한국산 맹꽁이의 짝짓기 소리 유형과 행동 관찰, 한국교원대학교 대학원, 한수열, 1992
한국산 무미류의 짝짓기소리 구조와 옴개구리의 음성학적 행동연구, 한국교원대학교 대학원, 노동찬, 1991
한국산 양서류의 분포목록, 인하대학교 산업과학 기술연구소, 양서영, 유재혁, 1978
한국산 참개구리와 금개구리의 식성에 관한 연구, 환경생물학회지 16(2), 윤일병, 김종인, 양서영, 1998
한국산 참개구리의 음성학적 행동과 Mating Call, 한국교원대학교 대학원, 문광윤, 1994
한국산 청개구리속 2종의 지리적 변이에 관하여, 인하대학교 대학원, 박병상, 1982
황소개구리의 생태적 특성, 포획 및 이용에 관한 연구, 조선대학교 산업대학원, 정회함, 2002

외국 서적

A Field Guide to Reptiles and Amphibians, Roger Conant and Joseph T. Collins, Houghton Mifflin Company, 1991, USA

A Field Guide to The Reptiles and Amphibians, E. Nicholas Arnold, Collins, 2004, UK

Die Schlangen Europas, Ulrich Gruber, Kosmos, 1989, Italy

Encyclopedia of Reptiles & Amphibians, Fog City Press, 2003, USA

The Audubon Society Field Guide to North American Reptiles and Amphibians, Behler and King, Alfred A. Knopf, 1989, USA

<日本の兩生爬蟲類>, 内山りゆう, 平凡社, 2003

<日本のカエル>, 松橋利光, 山と溪谷社, 2002

가나다 찾아보기

가
계곡산개구리 108
고추개구리 ▶ 무당개구리 52
구렁이 178
구렁이 먹이 잡기 182
구레 ▶ 구렁이 178
구렝이 ▶ 구렁이 178
구링이 ▶ 구렁이 178
구마기 ▶ 구렁이 178
귀신개구리 ▶ 물두꺼비 66
금개구리 90
금와 ▶ 금개구리 90
금줄개구리 ▶ 금개구리 90
기름개구리 ▶ 산개구리 98
긴꼬리도마뱀 ▶ 아무르장지뱀 162
까치독사 ▶ 살모사 212
　　　　 ▶ 유혈목이 194
까치살모사 222
꼬리치레도롱뇽 46
꼬리치레도롱뇽 알과 새끼 50
꽃뱀 ▶ 유혈목이 194

나
나무개구리 ▶ 청개구리 70
남생이 130
남생이 한살이 134
너불대 ▶ 유혈목이 194
너불메기 ▶ 유혈목이 194
논개구리 ▶ 참개구리 82
누루레기 ▶ 누룩뱀 184
누룩뱀 184
누룩뱀 짝짓기 188

늘메기 ▶ 유혈목이 194
능구렁이 204
능그리 ▶ 능구렁이 204
능사 ▶ 능구렁이 204

다
달구렁이 ▶ 대륙유혈목이 208
대륙늘메기 ▶ 대륙유혈목이 208
대륙유혈목이 208
더터비 ▶ 두꺼비 58
도랑용 ▶ 도롱뇽 38
도래 ▶ 도롱뇽 38
도롱뇽 38
도롱뇽 짝짓기 42
도롱룡 ▶ 도롱뇽 38
도롱용 ▶ 도롱뇽 38
도롱이 ▶ 도마뱀 154
도마뱀 154
도마뱀붙이 158
도마뱀부치 ▶ 도마뱀붙이 158
도우뱀 ▶ 도마뱀 154
독개구리 ▶ 무당개구리 52
　　　　 ▶ 산개구리 98
독다구리 ▶ 도마뱀 154
독사 ▶ 쇠살모사 216
돔뱀 ▶ 도마뱀 154
동아뱀 ▶ 도마뱀 154
두꺼비 58
두꺼비 한살이 62
두텁 ▶ 두꺼비 58
떡개구리 ▶ 참개구리 82
떼뱀 ▶ 무자치 190

뚜구비 ▶ 두꺼비 58

마
맹꼬이 ▶ 맹꽁이 76
맹꽁이 76
맹꾕이 ▶ 맹꽁이 76
맹꽁이 울음소리 80
먹구렁이 182
멩마구리 ▶ 맹꽁이 76
명마구리 ▶ 두꺼비 58
몽투리 ▶ 쇠살모사 216
무당개구리 52
무당개구리 울음 56
무당개구리 짝짓기 56
무자수 ▶ 무자치 190
무자치 190
물두꺼비 66
물뱀 ▶ 무자치 190
미끈도마뱀 ▶ 도마뱀 154
민물거북 ▶ 남생이 130
　　　　　▶ 자라 136
밀구렁이 ▶ 누룩뱀 184
밀뱀 ▶ 누룩뱀 184
　　　▶ 대륙유혈목이 208
　　　▶ 무자치 190
밍매기 ▶ 맹꽁이 76

바
바다거북 ▶ 152
발톱도롱뇽 ▶ 꼬리치레도롱뇽 46
배붉은가개비 ▶ 무당개구리 52
볼로기 ▶ 두꺼비 58

부독사 ▶ 쇠살모사 216
부예기 ▶ 살모사 212
　　　▶ 쇠살모사 216
북방산개구리 ▶ 산개구리 98
불독사 ▶ 쇠살모사 216
붉은개구리 ▶ 한국산개구리 104
붉은거북 ▶ 붉은바다거북 148
붉은귀거북 142
붉은바다거북 148
붉은바다거북 알 낳기 152
비단개구리 ▶ 무당개구리 52
비사 ▶ 실뱀 200
뽕악이 ▶ 산개구리 98

사
사주 ▶ 능구렁이 204
산개구리 98
산개구리 무리 102
산구렁이 ▶ 누룩뱀 184
살모사 212
살모사 ▶ 까치살모사 222
살무사 ▶ 살모사 212
섬사 ▶ 능구렁이 204
소개구리 ▶ 황소개구리 112
송장개구리 ▶ 산개구리 98
쇠살모사 216
수사 ▶ 무자치 190
수원청개구리 74
시루레기 ▶ 누룩뱀 184
식용개구리 ▶ 산개구리 98
　　　　　▶ 황소개구리 112
실망이 ▶ 살모사 212

실뱀 200
실뱀 ▶ 대륙유혈목이 208

아
아무르장지뱀 162
앙마구리 ▶ 청개구리 70
애기개구리 ▶ 한국산개구리 104
약개구리 ▶ 무당개구리 52
억묵쟁이 ▶ 참개구리 82
옴개구리 94
왕개구리 ▶ 황소개구리 112
왕머구리 ▶ 참개구리 82
왕바다거북 ▶ 붉은바다거북 148
유혈목이 194
율모기 ▶ 유혈목이 194
이끼도롱뇽 44

자
자라 136
자라 알 낳기 140
자래 ▶ 자라 136
자레이 ▶ 자라 136
자리 ▶ 자라 136
장작뱀 ▶ 아무르장지뱀 162
장재미 ▶ 아무르장지뱀 162
장칼래비 ▶ 줄장지뱀 168
잰즐뱀 ▶ 아무르장지뱀 162
쟁기발개구리 ▶ 맹꽁이 76
제주도롱뇽 45
좀개구리 ▶ 한국산개구리 104
주름돌기개구리 ▶ 옴개구리 94
줄뱀 ▶ 실뱀 200

줄장지뱀 168
줄장지뱀 짝짓기 172
중국자라 ▶ 자라 136
진대 ▶ 구렁이 178
집도마뱀 ▶ 도마뱀붙이 158

차
참개구리 82
참개구리 한살이 86
청개구리 70
청개구리 짝짓기 74
청거북 ▶ 붉은귀거북 142
칠보사 ▶ 까치살모사 222
칠점백이 ▶ 까치살모사 222
칠점사 ▶ 까치살모사 222

파
표문장지뱀 ▶ 표범장지뱀 174
표범장지뱀 174
푸른바다거북 ▶ 바다거북 152
푸른거북 ▶ 바다거북 152
풀개구리 ▶ 청개구리 70
풋개구리 ▶ 청개구리 70

하
한국산개구리 104
홍사샛뱀 ▶ 대륙유혈목이 208
황구렁이 182
황소개구리 112
흑지리 ▶ 구렁이 178
흑질백질 ▶ 구렁이 178
흰줄도마뱀 ▶ 줄장지뱀 168

학명 찾아보기

A
Agkistrodon brevicaudus 살모사 212
Agkistrodon saxatilis 까치살모사 222
Agkistrodon ussuriensis 쇠살모사 216
Amphiesma vibakari ruthveni
대륙유혈목이 208

B
Bombina orientalis 무당개구리 52
Bufo bufo gargarizans 두꺼비 58
Bufo stejnegeri 물두꺼비 66

C
Caretta caretta 붉은바다거북 148
Chinemys reevesii 남생이 130
Chelonia mydas japonica 바다거북 152

D
Dinodon rufozonatus rufozonatus
능구렁이 204

E
Elaphe dione 누룩뱀 184
Elaphe rufodorsata 무자치 190
Elaphe schrenckii 구렁이 178
Eremias argus 표범장지뱀 174

G
Gekko japonicus 도마뱀붙이 158

H
Hyla japonica 청개구리 70
Hynobius leechii 도롱뇽 38
Hynobius quelpaertensis 제주도롱뇽 45

K
Kaloula borealis 맹꽁이 76
Karsenia koreana 이끼도롱뇽 44

O
Onychodactylus fischeri 꼬리치레도롱뇽 46

P
Pelodiscus sinensis 자라 136

R
Rana coreana 한국산개구리 104
Rana catesbeiana 황소개구리 112
Rana dybowskii 산개구리 98
Rana huanrenensis 계곡산개구리 108
Rana nigromaculata 참개구리 82

Rana plancyi chosenica 금개구리 90
Rana rugosa 옴개구리 94
Rhabdophis tigrinus tigrinus 유혈목이 194

S
Scincella vandenburghi 도마뱀 154

T
Takydromus amurensis 아무르장지뱀 162
Takydromus wolteri 줄장지뱀 168
Trachemys scripta elegans 붉은귀거북 142

Z
Zamenis spinalis 실뱀 200

그림 | 이주용

대학교에서 서양화를 공부하고, 2002년부터 동식물 생태를 주제로 하여 세밀화와 그림책을 그리고 있습니다. '생태보전시민모임', '고양어린이식물연구회' 들에서 동식물 관찰하기와 그림 그리기를 가르치기도 했습니다. 그린 책으로《무슨 꽃이야?》,《무슨 풀이야?》,《개구리와 뱀》,《세밀화로 그린 보리 어린이 버섯 도감》들이 있습니다.

감수 | 심재한

강릉대학교 생물학과를 졸업하고 인하대학교에서 박사 학위를 받았습니다. 한국 양서파충류생태연구소 소장으로 있으면서 양서류와 파충류를 연구했습니다. 쓴 책으로《생명을 노래하는 개구리》,《꿈꾸는 푸른 생명 거북과 뱀》,《지성자연사박물관-뱀》들이 있습니다.

감수 | 김종범

인하대학교 생물학과를 졸업하고 인하대학교에서 박사 학위를 받았습니다. 한국 양서파충류 학회장으로 있으면서 우리나라 양서 파충류를 연구하고 있습니다. 쓴 책으로《한국의 양서류》,《우리 개구리》,《푸른아이 21-뱀》들이 있습니다.